Rossella Fabiani

das Schloss Miramare

das historische Museum und der Park

Marsilio

Bildnachweis
Archivio fotografico del Museo storico
del Castello di Miramare, Trieste.
Mit freundlicher Genehmigung des Ministero
dei beni e delle attività culturali e del turismo
Fotos Giorgio Nicotera

Editing der Übersetzung
Alphaville. Traduzioni
e servizi editoriali, Vicenza

Auf der Titelseite
Das Schloss Miramare, Triest

Verlegerische Realisierung
Marsilio Editori® s.p.a.

Vierteausgabe: Juni 2019

isbn 978-88-317-1992-6

Inhaltsverzeichnis

„Wir waren in Triest, um eine Woche in unserer entzückenden Villa zu verbringen, ein echtes Schmuckstück in diesem Mittelmeerklima und noch dazu an einer der schönsten Buchten auf dieser Erde gelegen. Im Norden ist es unmöglich sich ein so vollkommen blaues Meer vorzustellen. Als ich es das erste Mal sah, war ich von einer unglaublichen Begeisterung hingerissen.“

Charlotte von Belgien, 1857

Das Schloss

Die Lage

Im Golf von Triest erstreckt sich gen Norden ein Vorgebirge, das ihn von der Bucht bei Grignano abschließt. Es heißt, dass Maximilian von Habsburg an einem kühlen Frühlingstag im Jahre 1855 auf einem seiner Ausflüge aufs Meer hier an Land gegangen sei, da er von einem plötzlichen Wetterumschwung mit starken Böen der Bora dazu gezwungen worden war. Beeindruckt von der rauhen und wilden Schönheit dieses Landstrichs mit seinem Felsvorsprung, der damals noch ganz unbewachsen war, soll der Erzherzog beschlossen haben, das ganze Gebiet zu erwerben, denn er sah hierin den geeigneten Ort um einen vielleicht schon lange gehegten Traum zu verwirklichen: Hier sollte ein Park und eine ihm ranggemäße Residenz entstehen, die den spanischen Namen Miramar tragen sollte. Der Auftraggeber selber aber benutzte dann immer häufiger die italienische Version des Namens, die bis heute erhalten geblieben ist.

Die Anlage mit ihrem Schloss auf einer steil abfallenden Felsklippe und dem dahinter liegenden, 22 Hektar großen Park, wird zu einem der anziehendsten Orte an der Triestiner Riviera. Das sich heute in Staatsbesitz befindliche Schloss samt Park geht auf Entwurfsideen des Auftraggebers selbst zurück, der auch die Planung und den Bau der Anlage verfolgt hat. Was uns erhalten bleibt, ist ein Zeugnis für Maximilians Charakter und für seine Leidenschaften und kann als Beweis seiner großen Bildung angesehen werden. Fast die ganze ursprüngliche Einrichtung ist im Schloss erhalten und im Park findet man seltene Pflanzenarten, die der Erzherzog persönlich ausgewählt hat. Miramare zu besichtigen heißt auch Maximilian kennen zu lernen und dabei einen Eindruck von den Tendenzen in Architektur und Dekoration gegen Mitte des 19. Jahrhunderts zu gewinnen.

Schon in seiner Jugendzeit interessierte sich Maximilian für die Schönen Künste und die direkte Beobachtung der Natur. Am Rande der Habsburger Sommerresidenz in Schönbrunn bei Wien darf er sich ein kleines Chalet bauen lassen, das er „Maxing" nennt. Er lässt es in der damals üblichen „Schweizer Manier" errichten, d.h. eine rustikale, kleine Anlage, wohin er sich zurückziehen kann, um sich der Gartenarbeit zu widmen, einer der habsburgischen Leidenschaften. Bei seiner Ankunft in Triest und nach seinem Offiziersdienst in der Marine von 1852 bis 1854 wird er Konteradmiral der Flotte und verlegt seinen Wohnsitz in die Villa Lazzarovich, einem Haus auf dem Hügel von San Vito: Die Innenräume lässt er nach den damals modernen Stiltendenzen einrichten. Dazu gehörte auch ein maurischer Saal – ganz nach Art der Räume, die er auf seiner ersten Reise 1850 in der Türkei am Hofe des Pascha Halil gesehen hatte – sowie ein Saal im flämischen Stil mit dunklen Wänden und großen Medaillons mit Blumen und Frauenfiguren an der Holztäfelung. Bei der Villa Lazzarovich lässt Maximilian auch einen kleinen Garten anlegen, den er zweimal in der Woche dem Publikum zugänglich macht. Beflügelt von diesen Erfahrungen geht der Erzherzog begeistert und forsch jenes Vorhaben an, das ihm so sehr am Herzen liegt, wie seine zahlreichen Sendschreiben aus Mexiko bezeugen, in denen er Hinweise und Anordnungen zur Weiterführung der Arbeiten in Miramare gibt, die bei seiner Abreise am 14. April 1864 noch nicht beendet waren. Bei diesem Unternehmen stehen ihm drei Österreicher zur Seite, nämlich der Ingenieur Karl Junker und die Dekorateure Franz und Julius Hofmann, die allen seinen Wünschen nachkommen.

Maximilian konzipiert Miramare als seine Residenz, als sein Wohnhaus und als einen Ort für sich selbst, wo er ganz nach dem romantischen Zeitgeist in direktem Kontakt zur Natur leben kann. Und es ist

Vorhergehende Seiten
Guglielmo Sebastianutti, *Schloss Miramare*, 1873, von Triest aus gesehen

Germano Prosdocimi,
Trieste, Villa Lazzarovich, Außenansicht und Detail der Innenräume, 1855

kein Zufall, dass das Anwesen weit ab von der Stadt liegt, auch wenn es von dort und insbesondere vom Golf aus deutlich sichtbar ist. Wohnsitz und Park sind keine Zurschaustellung von Macht, sondern bewusst einfach gehalten, um den Bedürfnissen des Erzherzogs zu entsprechen. Im 19. Jahrhundert war es üblich, dass Adelige – ob sie nun regierten oder nicht – sich ihre Schlösser mit Gärten insbesondere an den Ufern von Flüssen oder Seen errichten ließen. Maximilian führt die mitteleuropäischen, für die Alpenlandschaft typischen Modelle im Mittelmeerraum ein und ihm gelingt eine perfekte Synthese aus mediterranem Hauch und strengen mitteleuropäischen Formen.

Der Auftraggeber Maximilian von Habsburg

Das Schloss Miramare zu besichtigen, bedeutet auch den Erzherzog Maximilian von Habsburg kennen zu lernen, der von 1864 bis zu seinem tragischen Tode in Querétaro am 19. Juni 1867 Kaiser von Mexiko war. Dieser Bruder von Franz Joseph, dem Kaiser von Österreich, ist durch sein tragisches Ende bekannt geworden, das in ganz Europa gewaltigen Aufruhr hervorgerufen hat. Park und Schloss zeugen von der Willensstärke dieser Persönlichkeit und lassen sein Interesse an Kunst und Natur wiederaufleben. Hier hat Maximilian zusammen mit seiner Gemahlin Charlotte von Belgien seine glücklichsten Jahre verbracht, doch vor allem hat er einen märchenhaften Wohnsitz mit einem prächtigen Garten geschaffen, wo sich Traum und Wirklichkeit, Geschichte und Legende überschneiden und mit dem Bildnis des „blonden Kaisers und seiner schönen Frau" eins werden.
Ferdinand Maximilian, in der Familie Maxi genannt, wurde am 6. Juli 1832 als Sohn des Erzherzogs Franz Karl von Habsburg und dessen Gemahlin Sophie von Wittelsbach in Schönbrunn geboren. Zwei Jahre zuvor war sein Bruder Franz Joseph zur Welt gekommen, der mit achtzehn Jahren am 2. Dezember 1848 den Kaiserthron bestieg. Zusammen mit seinen Brüdern Franz Joseph und Karl

Santiago Rebull, *Portrait Maximilians als Kaiser von Mexiko*, 1865, Thronsaal (Saal XX)

Peter Johann Nepomuk Geiger, *Besuch des Erzherzogs Maximilian auf dem Sklavenmarkt in Smyrna*, 1850, Möwensaal (Saal XXI)

Ludwig genießt er in seiner Kindheit und Jugend eine allumfassende Erziehung und Ausbildung. Schon im zartesten Jugendalter tritt die phantasiebegabte und begeisterungsfähige Persönlichkeit dieses romantischen und verträumten Jungen mit seiner reichen Einbildungskraft zu Tage. Großen Einfluss auf die Entwicklung seiner Persönlichkeit hat eine Reise im Herbst 1850 zusammen mit seinem Bruder Karl Ludwig nach Griechenland, in die Türkei und nach Dalmatien. Begeistert von den ihm vorher nur aus Büchern und Drucken bekannten Landschaften und Orten kehrt er zurück: Diese zum Teil auch kontrastierenden Eindrücke beschreibt er in einem kleinen Band mit dem Titel *Meine erste Reise,* einem Tagebuch mit einer getreuen Beschreibung der von ihm besichtigten Orte. Unter anderen begleitet ihn auf dieser Reise der Maler Peter Johann Nepomuk Geiger, der ihn während der Ausflüge in Smyrna auf einigen, heute im Schloss ausgestellten Bildern, porträtiert hat. Diese Erfahrung sollte von so großer Bedeutung für ihn sein, weil er damals zum ersten Mal Triest gesehen und das Leben am Meer kennen gelernt hat. Beides begeistert ihn so sehr, dass er am 26. Oktober desselben Jahres zur österreichischen Marine geht und einige Jahre später seinen Wohnsitz nach Triest verlegt. In den Jahren 1851 und 1852 führt ihn eine Kreuzfahrt an die Küsten Italiens, Spaniens und Portugals und auch diesmal hält er seine Eindrücke in einem Reisetagebuch fest. Auf dieser Reise sammelt er auch wichtige Kenntnisse, die in den Bau seiner späteren Residenzen einfließen. Am 16. Februar 1852 unterschreibt er einen Mietvertrag mit dem Kaufmann Nicolò Marco Lazzarovich und bezieht eine Villa auf dem Hügel von San Vito, die er ganz nach seinem Geschmack einrichtet.

So nimmt das für sein Leben so bezeichnende Interesse an der Kunst langsam Formen an. Am 10. September 1854 ernennt ihn Franz Joseph zum Konteradmiral der österreichischen Flotte. Von Ende

Peter Johann Nepomuk Geiger, *Der Erzherzog Ferdinand Maximilian und sein Bruder Karl Ludwig an Bord des Kaik des Paschas von Smyrna,* 1850, Möwensaal (Saal XXI)

1855 bis zu den ersten Monaten des Jahres 1856 reift der Gedanke, einen Wohnsitz auf der Spitze des Vorgebirges errichten zu lassen, den er dann später Miramare nennt, und beauftragt den Österreicher Karl Junker mit dem Entwurf und Bau des Schlosses samt Park. Am 3. November 1856 schreibt er seinen ersten Brief an Charlotte, Tochter von Leopold I., König von Belgien, und Louise d'Orléans. Am 31. Dezember desselben Jahres findet in Brüssel die offizielle Verlobung mit Charlotte statt, die damals als eine der schönsten europäischen Prinzessinnen galt. Das darauf folgende Jahr ist für Maximilian einschneidend: Ende Februar ernennt Franz Joseph ihn zum Vize-Gouverneur mit zivilen Kompetenzen des Lombardisch-Venezianischen Königreichs und am 27. Juli 1857 findet die Hochzeit mit Charlotte statt, die mit ihm in Mailand residiert, denn das Schloss von Miramare befindet sich noch im Bau.

Auf Grund von Meinungsverschiedenheiten mit dem Bruder über die politische Lage und die angespannte militärische Situation übergibt Franz Joseph dem Grafen Franz Gyulai das Kommando über das Lombardisch-Venezianische Königreich, zumal dieser auch schon Oberbefehlshaber der österreichischen Truppen war. Im Bewusstsein zum Wohle des Volkes und im Dienste des Staates gehandelt zu haben, ziehen sich Maximilian und Charlotte nach Miramare zurück, wo aber die Bauarbeiten noch im Gang sind.

1859, im Herbst desselben Jahres also, bricht das Paar zu einer Atlantik-Kreuzfahrt auf: Charlotte bleibt auf der Insel Madeira, während Maximilian weiter nach Brasilien reist, wo er bis Anfang 1860 bleibt und einige *Aroideae* aus der Familie der Aronstabgewächse katalogisiert. Weihnachten desselben Jahres betritt das Paar Miramare zum ersten Male, bewohnt aber bis April 1864 nur die

Cesare Dell'Acqua, *Die Hochzeit von Maximilian und Charlotte*, 1857 (Historisches Museum Schloss Miramare, Depot)

Gemächer im Erdgeschoss. Genau ein Jahr später, im Dezember 1861 erscheint Gutiérrez de Estrada, ein monarchietreuer, nach Europa emigrierter Mexikaner in Miramare. Er erklärt dem Erzherzog und seiner Gattin die, wenn auch noch sehr vage, Möglichkeit, Herrscher des mexikanischen Kaiserreichs zu werden. Man stellt Maximilian in Aussicht, dass er durch die Besteigung dieses Königsthrons die Großmacht der Habsburger zur Zeit Karls v. neu begründen würde.

Mit Zustimmung von Franz Joseph und Leopold i. lässt sich Maximilian – der in diesem Moment keinerlei Zukunftsaussichten als Herrscher hat – von Napoleon iii. dazu verleiten, daran zu glauben, die sozial und politisch schwierige Situation des mittelamerikanischen Landes in den Griff bekommen zu können. Die Kirche, der die Republikaner unter Benito Juarez alle Besitztümer beschlagnahmt hatten, sah die Habsburger Mission gern und unterstützte sie. Der Bischof von Puebla, Monseigneur Labastida und der General Almonte kommen am 19. Januar 1862 nach Miramare um Maximilian zu überzeugen, der nach einigem Zögern die Krone annimmt. Am 3. Oktober 1863 ernennt ihn die mexikanische Delegation unter Leitung von Gutiérrez de Estrada zum Kaiser.

Am 14. April 1864 reist das Paar an Bord der Novara vom kleinen Hafen in Miramare nach Mexiko ab. Bei der Ankunft in Veracruz empfängt ihn das Volk jedoch weniger warmherzig als erwartet. Die Republikaner unter Benito Juarez haben die Mehrheit und Maximilian findet eine ganz andere Situation vor, als ihm von der Delegation, die teilweise aus Personen bestanden hatte, die schon länger nicht mehr in Mexico lebten, beschrieben worden war. Auch durch die ständigen Angriffe der Republikaner und die wiederholten Verluste auf Seiten des Kaiserreichs und der Franzosen verschlechtert sich die Lage immer mehr, obwohl Charlotte eine Begabung bei der Lösung von sozialen Problemen

E. Goineau, *Die Erschießung Maximilians*, 1867
(Historisches Museum Schloss Miramare, Depot)

unter Beweis stellt. Auch die finanzielle und militärische Unterstützung bleibt aus, so dass Charlotte im Juli 1866 beschließt, nach Europa zu reisen und um Beistand zu bitten. Die Fürbitte am Hofe Napoleons III. und bei Papst Pius IIX. bringt nicht die erhofften Resultate, worauf die Kaiserin erste Anzeichen geistiger Umnachtung zeigt, so dass ihre Verwandten sie zunächst im kleinen Parkschlösschen einschließen und sie dann nach Belgien bringen, wo sie noch bis 1927 lebt. Maximilian, nun ohne jegliche Unterstützung, ist entschlossen, den Republikanern die Stirn zu bieten, wird jedoch von den Truppen Juarez in Querétaro gefangen genommen und am 19. Juni 1867 zusammen mit seinen Generälen Mejia und Miramón erschossen. Seine sterblichen Überreste werden im Januar 1868 an Bord der Novara nach Triest überführt, von hier aus nach Wien weitertransportiert und dort in der Kapuzinergruft beigesetzt.

Miramare nach 1867

Nach dem Tode Maximilians und nach Charlottes Abreise nach Belgien benutzen die Habsburger Miramare nur noch zeitweilig als Residenz. Von 1869 bis 1896 war die Kaiserin Elisabeth, Gemahlin Franz Josephs, insgesamt vierzehn Mal hier. Sie hielt sich vor oder nach ihren zahlreichen Reisen in den Mittelmeerraum einige Tage im Schloss auf. Stephanie von Belgien, Nichte von Charlotte und Witwe Rudolfs – dem Sohn und Thronfolger von Franz Joseph und Elisabeth, der 1889 in Mayerling gestorben war – lässt sich am 22. März 1900 in der Schlosskapelle in zweiter Ehe mit dem ungarischen Adeligen Elemer de Lónyay trauen. Zusammen mit dem später in Sarajewo ermordeten Thronfolger Franz Ferdinand und Zita, der Gemahlin des letzten Kaisers Karl, verbringt das Paar einige Tage hier. Bei Ausbruch des Ersten Weltkriegs im Jahre 1914 wird das gesamte Mobiliar nach Wien gebracht. Als Triest 1918 an Italien geht, wird Miramare Besitz des italienischen Staates, der mit Österreich vereinbart, dass die Möbel zurückgebracht werden und das Schloss der Öffentlichkeit als Museum zugänglich gemacht werden soll.

Herzog Amedeo d'Aosta, Sohn Emanuele Filibertos und Kommandant der ersten Luftwaffendivision mit Sitz in Görz, macht Miramare 1930 zusammen mit seiner Frau Anna von Frankreich zu seinem Wohnsitz, wo er bis zum Jahre 1937 bleibt, als er Vizekönig von Äthiopien wird. Nach Ausbruch des Zweiten Weltkriegs richten die Deutschen im Schloss ihre Offiziersschule ein und von 1945 bis zum Oktober 1954, als Triest wieder an Italien geht, ist das Anwesen Sitz der alliierten Militärkräfte. Sofort nach dem 2. Juni 1955, beginnt die Oberintendantur mit den Restaurierungsarbeiten und Miramare wird der Öffentlichkeit wieder zugänglich gemacht.

Die Entwürfe

Nachdem er zwischen 1855 und 1856 einen Teil des Anwesens gekauft hatte, beauftragte Maximilian Karl Junker mit dem Entwurf seiner Residenz. Eine erste Reihe von Aquarellen in einer eleganten Ledermappe zeigt einen villenähnlichen Bau, dessen Erdgeschoss sich durch eine Abfolge von Rundbögen und dessen erster Stock sich durch eine offene Loggia auszeichnet. Man erkennt einen etwas vom Baukern abseits stehenden Turm und ein zinnengekröntes Dach. Der Bau ist eher klein und auf der zum Park hin ausgerichteten Seite zeichnet sich das Profil der Kapellenapsis ab. Weil Maximilian offensichtlich nicht ganz von diesem Vorschlag überzeugt war, ruft er den Triestiner Ingenieur Giovanni Berlam, der ihm am 18. Februar 1856 eine Schwarz-Weiß-Zeichnung vorlegt, die zwar etwas kleiner als Junkers Entwurf ist, diesem jedoch ähnelt. Dabei handelt es sich um ein Gebäude mit direktem Zugang zum Meer über eine Treppe und mit großen Fenstern. Es gibt keinen ersten Stock, aber einen Turm mit gut ausgeführten kleineren Türmchen. Doch der Raum erscheint Maximilian zu eng und die Zeichnung ist auch nur wenig repräsentativ, so dass er Junker mit einem zweiten Entwurf beauftragt, der seinen Wünschen besser entsprechen sollte. Dementsprechend zeichnet Junker nun ein wahres Schloss, bestehend aus Erdgeschoss, erstem und zweitem Stock samt *Mezzanin* - dem etwas niedrigeren Stockwerk unter dem Dach. Die ursprünglichen Merkmale des ersten Entwurfs bleiben aber bestehen, nämlich die Fenster mit Rundbogen, das zinnengekrönte Dach, die kleinen Türmchen und der Turm zum Meer hin.

Außerdem richtet Junker den Grundriss nach dem orographischen Verlauf des Vorgebirges aus, so dass alle Gemächer des erzherzöglichen Paares und seiner Gäste aufs Meer gehen und den ganzen Tag über Sonne haben. Besonders gelungen ist Junkers Idee, die beiden Gebäudeteile durch eine Prunktreppe im Inneren miteinander zu verbinden, und diese dann nach Triest und Duino hin auszurichten, so dass man von dieser Art Brücke aus beide Seiten des Golfes gleichzeitig sehen kann. Dieser Entwurf entspricht den Vorstellungen Maximilians: ein einzelstehendes Schloss am Rande eines Parks, wo Natur und Kunst in vollendeter Synthese zusammenkommen.

Am 1. März 1856 beginnen die Arbeiten der ersten Bauphase, nämlich der Aufbau der Grund- und

Karl Junker, *Schloss Miramare*, Erster Entwurf, 1856,
Saal mit den Entwürfen Miramares

der Umfassungsmauern, die nötig sind, da das Grundstück nur 15 m über dem Meeresspiegel liegt.
Die Firma Anton Hauser erhält den Bauauftrag und errichtet in den ersten Tagen des Jahres 1857 auch einen Teil der Gartengebäude. Ein Jahr später jedoch entscheidet sich Maximilian aus ästhetischen und auch aus finanziellen Gründen, auf das zweite Stockwerk zu verzichten.
So erhält das Schloss sein heutiges Aussehen mit einem Erdgeschoss für die Gemächer des erzherzöglichen Paares, dem ersten Stock mit den Gäste- und Repräsentationsräumen, sowie einem *Mezzanin* für das Dienstpersonal.
Das Schloss ist im für die Mitte des 19. Jahrhunderts typischen eklektischen Stil gebaut. Auftraggeber und Ingenieur sind sich darin einig, dass ganz nach dem Romantischen Historismus Stilelemente aus der Gotik, dem Mittelalter und der Renaissance nebeneinander gesetzt werden.
Es ist anzunehmen, dass Maximilian von der Gestaltung und topographischen Lage ähnlicher Residenzen in verschiedenen Teilen Europas angeregt worden ist, die er selbst besichtigt oder auf Abbildungen in Büchern gesehen hatte. Hier wäre Schloss Babelsberg in Potsdam (1832-1835) anzuführen, ein Werk Karl Friedrich Schinkels, das ganz ähnlich gelegen ist, nämlich am Rande eines Parks dicht am Flussufer. Ein weiteres Beispiel, ebenfalls von Schinkel, ist Schloss Kurnik in Polen, dessen Fassadenaufbau nach einem Umbau im Jahre 1829 eine dem Schloss Miramare ähnliche Linie aufweist. Auch bei der Arsenalanlage in Wien finden sich Stilgrundsätze, die mit jenen in Miramare eng verwandt sind. Das Arsenal wurde von 1849 bis 1856 von Theophil Hansen erbaut und besitzt das charakteristische zinnengekrönte Dach und Rundbogenfenster. Dem entspricht das Arsenal in Triest, ein Werk von Christian Hansen (1857), der wahrscheinlich direkt auf Junker und Maximilian

Karl Junker, *Schloss Miramare*, Zweiter Entwurf, 1856,
Saal mit den Entwürfen Miramares

verweisen wollte. Und das gleiche gilt auch für Villa Pereira in Greifenstein an der Donau, nördlich von Wien, die 1849 von Christian Ludwig Förster und Theophil Hansen entworfen wurde, denn sie sieht wie ein verkleinertes Modell des Schlosses aus. Die eklektischen Tendenzen in der Architektur des 19. Jahrhunderts gehören also zum Kulturgut Maximilians.

Die Innenräume

Den Auftrag zur Möblierung und Innenausstattung des Schlosses erhalten Franz und Julius Hofmann, Vater und Sohn, mit ganz genauen schriftlichen Anweisungen. Maximilian hat für jeden einzelnen Saal detailliert beschrieben, wie die Vertäfelungbeschaffen sein sollte und wo Bilder, Ziergeräte und sonstige Gegenstände zu plazieren wären. Insbesondere möchte der Auftraggeber, dass ein Großteil der Möbel aus Villa Lazzarovich ins Schloss gebracht wird, wo sie hauptsächlich im ersten Stock aufgestellt werden.

Für das Erdgeschoss lässt er bei einer lombardischen Werkstatt eine blaue Stofftapete und blaue Gardinen mit seinen Symbolen anfertigen: Die Ananas als Zeichen für Prosperität und Reichtum, während der Anker über einer Krone seinen Konteradmiralsrang bei der österreichischen Marine anzeigt. Diese Motive tauchen in geradezu besessener Weise überall im ganzen Erdgeschoss auf, sowohl an den Türflügeln als auch auf den Vertäfelungen. Es handelt sich hierbei nur um ein Beispiel, doch es verdeutlicht uns, welches ikonographische Programm Maximilian für Miramare vorschwebte und welche Prägung die ganze Anlage haben sollte. In einigen, Charlotte vorbehaltenen Gemächern lässt er eine Reihe von Wappen anbringen, die an den Stammbaum ihrer beiden Familien erinnern, an Habsburg-Lothringen und Sachsen-Coburg und Gotha. Für den ersten Stock hingegen wählt er einen roten Stoff, auf dem außer der Ananas auch ein Adler zu sehen ist, der eine Schlange im Schnabel trägt, darüber befindet sich eine Krone mit dem Monogramm „MM“, also Maximilian-Mexiko, und dazwischen ein I als Anfangsbuchstaben des Wortes „Imperatore“, Kaiser. Während er in der Beschreibung eines jeden Dekorationsdetails und der Platzierung der einzelnen Einrichtungsgegenstände ganz minuziös, ja geradezu pedantisch ist, lässt er beim Entwurf der Motive für die Vertäfelung freie Hand: Er schreibt lediglich von einem „altenglischen Stil“, womit er wahrscheinlich ganz allgemein einen gotischen oder mittelalterlichen Stil meint. Das Erdgeschoss ist nach genauen Anweisungen Maximilians aufgeteilt: Drei Räume beansprucht er für sich selbst – das Schlafgemach, Kabine genannt, sein Arbeitszimmer und die Bibliothek – während die restlichen vier Räume Charlotte vorbehalten sind – der Speisesaal, das Musikzimmer, auch Studierzimmer genannt, das Schlafgemach und der Umkleideraum.

Die Räume haben eine fast bürgerliche Prägung im Stil des ausklingenden Biedermeier, wo Wert auf Bequemlichkeit und die Intimität der kleinen Dinge gelegt wird. Das den Gästen vorbehaltene obere Geschoss hingegen trägt eher Öffentlichkeitscharakter und zeichnet sich durch Prunk und Zurschaustellung aus. Vater und Sohn Hofmann fertigen nach Maximilians Anweisungen einige Aquarelltafeln an und nach einigen Abänderungen beginnen die Arbeiten.

Im Dezember 1858 beauftragt Maximilian den österreichischen Unternehmer Franz von Gossleth mit der Leitung der Bau- und Ausstattungsarbeiten, sowie mit der Herstellung eines Teiles des Mobiliars. Weihnachten 1860 bezieht das erzherzögliche Paar das Erdgeschoss, während der erste Stock erst nach ihrer Abreise nach Mexiko beendet wird. Maximilian sendet Franz Hofmann – Julius ist dem Kaiser nach Mexiko gefolgt, um dort an einer neuen Residenz zu arbeiten – auch von dort aus mehrere Briefe mit genauen Anweisungen einiger Dekorationen im ersten Stock. In den Jahren 1864 bis 1866 beschließt Maximilian sein kaiserliches Symbol in den Stoff einzufügen, das Turmzimmer zum chinesischen Salon auszugestalten, die Bilder von Cesare Dell'Acqua mit der Illustrierung der historischen Begebenheiten des Ortes anzubringen und einen Thronsaal einzurichten, als Zeichen der habsburgischen Sakralität und um die Wiedervereinigung der beiden Kaiserreiche, in Europa und in Amerika, zu feiern.

Die Ausstattung des ersten Stockwerks wird im Januar 1867 unterbrochen und erst in den Jahren 1869 bis 1871 unter Leitung des Hofdekorateurs und Bildhauers August La Vigne zu Ende geführt. Dieser Meister der „Blondel Manier" hat an der Ausstattung eines Großteils der kaiserlichen Gemächer in Wien mitgearbeitet: In zwei Phasen, nämlich 1852 und 1858, entwirft er für Franz Joseph Möbel, sowie Wand- und Deckenmotive. La Vigne hält sich bei den Arbeiten in Miramare an Maximilians Anweisungen, auch weil der Stil der Wände und Decken im ersten Stock mit Vergoldungen und ausgearbeiteten Schnitzereien nach den Gepflogenheiten von Neurenaissance und Neubarock seinen eigenen Vorstellungen entspricht. Durch die Entscheidung für diesen Dekorationsstil zeigt sich Maximilian als typischer Vertreter der künstlerischen Strömung gegen Mitte des 19. Jahrhunderts, als nach Ausklingen des Biedermeier überladene und ausgefeilte Formen zusammen mit Modellen in den verschiedensten historischen Stilen aufkommen. Unter den Vorbildern für

Vorhergehende Seiten
Schloss Miramare, vom kleinen Hafen aus gesehen

Franz und Julius Hofmann, *Entwurf für die Innenausstattung eines Raumes*, 1858 (Historisches Museum Schloss Miramare, Depot)

das Erdgeschoss ist die Innenausstattung vom habsburgischen Schloss Laxenburg zu nennen, doch auch die Residenzen anderer österreichischer Adelsfamilien, wie zum Beispiel die der Graefeneggs. Für den ersten Stock, der ganz im Stil des Zweiten Kaiserreichs geschaffen wurde, hat man sich an den großen Palästen des Wiener Rings und an den Residenzen der europäischen Fürsten orientiert: Säulen und Wandpfeiler in barocken und renaissancehaften Formen sind ein beliebtes Bauelement, zusammen mit reich, teilweise mit Blattgold verzierten Wänden. Auffällig ist die klare Unterscheidung zwischen den Privaträumen des erzherzoglichen Paares – die großen Fenster und die Terrasse schaffen eine Verbindung zu der sie umgebenden Natur, wobei die Räume dennoch geschützt und behaglich bleiben – und dem ersten Stock mit seinem eher öffentlichen, von semantischen Anspielungen durchdrungenen Charakter, wo Prunk und Opulenz auf die Darstellung von Macht zielen. Dies wird durch ein durchdachtes, an den höfischen Mustern ausgerichtetes ikonographisches Programm unterstützt. Genauso klar ist in der Tat der Unterschied auch in der Auswahl der Wappen in der Wand- und Deckentäfelung des Erdgeschosses und des ersten Stocks. In den privaten Räumen des Paares herrscht eine heraldische Dekoration vor, welche die eheliche Verbindung von Maximilian und Charlotte unterstreicht und damit auch die der beiden Familien, also der Habsburger und des Hauses Sachsen-Coburg und Gotha. In den Empfangs- und Repräsentationsräumen verweist der größte Teil der Wappen auf Maximilian und dessen Dynastie. Dieser Unterschied in der Dekoration wurde bewusst vom Auftraggeber hervorgehoben, der auch damit seinem geliebten Wohnsitz eine persönliche Note geben wollte.

Maximilians Monogramm als Kaiser, Audienzsaal (Saal XV)

Verzierung der Decke, oben die Wappen der Steiermark und Kärntens, unten das Wappen Ungarns, Herrschersaal (Saal XIV)

Die Besichtigung des Museums

Die Eingangshalle

Die Eingangshalle ist in ihrer Dekoration ganz im Stil von Maximilians Zeit gehalten. Zu beiden Seiten stehen Hellebarden neben Lampen mit einer Basis in Ananasform. Darüber hängen sechzehn Gemälde, Werke des Kopisten Domenico Acquaroli, mit Porträts von Herrschern verschiedener europäischer Länder in unterschiedlichen Epochen. In Saal I, wo heute die Museumsbibliothek untergebracht ist, befinden sich über den Türen die beiden Porträts von Franz von Lothringen und dessen Gemahlin Maria Theresia, Kopien von Andreas Müller. Die großen Bilder an den Wänden des nächsten Saals, in dem sich jetzt die Kasse und die Garderobe befinden, zeigen vom Eingang links ausgehend: Franz von Lothringen, eine Kopie nach einem Original von Martin van Meytens, Ludwig XIV., Werk eines Kopisten, und Maria Theresia, eine Kopie nach einem Original von Martin van Meytens. Die ovalen Bilder, Kopien von Bernhard Vogel, zeigen Maria Amalie von Bayern, Tochter von Joseph I. und Gattin von Karl VII., sowie Maria Josephine von Sachsen, Gattin Augusts II.

Die Ehrenhalle

Das großzügige Panoramafenster mit weitem Blick auf Triest und auf den Golf ist ein Werk Karl Junkers. Auf der das Schloss umgebenden Terrasse ist an der Schnittstelle der beiden Gebäudeflügel ein Außenraum angelegt, in dessen Mitte sich ein Blumenbeet mit einem von einer Marmorgruppe geschmückten Brunnen befindet. Diese Skulptur ist ein Werk von Bartolomeo Cacciatori (um 1860) und stellt eine Mutter mit Kind dar.

An den Innenwänden sieht man oben links eine Vedute des österreichischen Malers Joseph Selleny. Sie zeigt den Ort Pontinha bei Funchal auf der Atlantikinsel Madeira, der für das erzherzögliche Paar von ganz besonderer Bedeutung war, denn hier machte Maximilian auf seiner Reise nach Brasilien Halt und hier erwartete Charlotte im Herbst 1859 und Winter 1860 die Rückkehr ihres Gemahls. Rechts neben dem Fenster hängt ein Ölgemälde von Gottardo Valentini (1857) mit der Ansicht eines Brianzer Sees. Links neben der Prunktreppe befindet sich ein Bild von Joseph Brunner (1854) mit einer ungarischen Landschaft und auf der rechten Seite ein Gemälde von Thomas Ender mit einer Ansicht der Amalfitanischen Küste, die der Erzherzog 1852 besichtigt hatte. Zu beiden Seiten des Aufgangs stehen Sänften, die der Überlieferung nach aus Schloss Schönbrunn in Wien stammen sollen. Etwas weiter links hängt ein Bild von Anton Hansch (1856) mit einer Ansicht der Berner Alpen über einer Kommode mit schönen Schnitzereien, einem Werk aus der Mitte des 19. Jahrhunderts.

Maximilians Wohnräume

Saal III, Maximilians Schlafgemach, die sogenannte „Kajüte"

Hier beginnt der dem Paar vorbehaltene Wohnbereich, der sich über das ganze Erdgeschoss erstreckt. Dieser Raum geht auf eine das Gebäude umgebende Terrasse, von der aus man einen herrlichen Ausblick auf die Stadt und den Golf hat. Wendet man den Blick nach draußen, so hat man den Eindruck sich auf offener See zu befinden.

Vorhergehende Seiten
Eingangshalle und Prunktreppe

T°. Sanchez, *Portrait von Charlotte von Belgien mit Mantille*, 1866, (Saal III)

Maximilians Schlafgemach, die sogenannte Kajüte (Saal III)

Und desgleichen erinnern Maximilians Gemächer an Schiffskabinen, wie er sie auf seinen zahlreichen Mittelmeerreisen an Bord der einzelnen Schiffe bewohnt hatte. Dieses holzgetäfelte Zimmer mit dem Beinamen „Kajüte" hat eine niedrige Decke und Wandschränke. Rechts vom Eingang befindet sich Maximilians Badezimmer mit einer Marmorwanne. Auf beiden Seiten des Bettes aus Metall hängen blaue Vorhänge mit dem Wappen Maximilians als Konteradmiral der Flotte, nämlich einem Anker mit Krone und Ananas, Symbol für Prosperität und Reichtum. Das Kopfende des Bettes ziert ein Gemälde mit einer Darstellung von Ezechiels Vision, eine Kopie von Ferdinando Rondoni (1857) nach einem Gemälde von Raphael.
Seitlich befindet sich ein Ovalbild mit dem Porträt von Charlotte, das T°. Sanchez 1866 in Mexiko angefertigt hat. Vor dem Fenster steht eine Kommode mit Holzintarsien, daneben befinden sich zwei mit einem Muschelmotiv verzierte Stühle. Auf der Kommode steht eine Reitergruppe aus Antimon, die Julius Caesar im Kampf gegen Vercingetorix darstellt. Der Autor ist unbekannt, doch stammt dieses Werk aus der Mitte des 19. Jahrhunderts.

Saal IV, Maximilians Arbeitszimmer, der sogenannte Novara-Saal

Dieser Raum mit großen Fenstern auf zwei Seiten erhielt auf Wunsch des Auftraggebers den gleichen Grundriss wie das Carreheck auf dem Admiralsschiff der österreichischen Flotte, der Novara. Damit sollte an den Sieg der Habsburgischen Truppen im Jahre 1849 über die Savoyer erinnert werden.
Wie aus einer Entwurfskizze Hofmanns hervorgeht, wollte Maximilian ursprünglich hier sein Bett

Maximilians Arbeitszimmer, der sogenannte Novara-Saal (Saal IV)

Johann Meixner, *Kaiser Maximilian von Mexiko*, 1871, Novara-Saal (Saal IV)

aufstellen, das dann aber im davorliegenden Raum untergebracht wurde. In der 1955 zur Museumsöffnung restaurierten Wandtäfelung wechseln sich der Anker mit Krone und die Ananas ab, also die gleichen Dekorationsmotive wie auf den blauen Vorhängen, die auch hier Fenster und Ausgangstür zieren. In der Deckenmitte befindet sich ein Oberlicht; offensichtlich liebte Maximilian dieses Bauelement, denn auch in der Villa Lazzarovich hatte er sowohl im maurischen als auch im nordischen Saal Oberlichter anbringen lassen. Die Vertäfelung ist mit Bildern geschmückt. Rechts vom Eingang hängen zwei Kupferstiche mit den Porträts von Charlottes Eltern, der Königin Louise d'Orléans und ihrem Gemahl Leopold I von Belgien, letzteres mit einer Signatur des Königs höchstpersönlich. Daneben hängen zwei Aquarelle von Franz Xavier Winterhalter (1855) mit den Porträts von Prinz Albert in Militäruniform und der elegant gekleideten Königin Victoria von England, Charlottes Tante. Beide Bilder tragen die Unterschrift des jeweiligen Herrschers.
Links vom Eingang kann man in der Ecke das Modell des ersten Denkmals, das Maximilian zu Ehren 1871 in Wien aufgestellt wurde, bewundern. Es handelt sich um ein Werk von Johann Meixner und steht heute auf einem Platz in Hietzing, einem Bezirk in der österreichischen Hauptstadt, in der Nähe des Parkes von Schönbrunn. Zwischen den beiden Fenstern befindet sich ein hölzernes Hochrelief mit einer Darstellung Maximilians I. von Habsburg, Kaisers von Österreich in der ersten Hälfte des 16. Jahrhunderts. Ferdinand Gatt hat dieses Werk nach dem berühmten Kupferstich von Albrecht Dürer angefertigt. Davor steht ein Mazzarino-Sekretär aus Holz und Nussbaumwurzelholz mit wunderschönen Intarsien. Besondere Beachtung verdient ein Goldrahmen vor dem Ausgang mit sieben von Charlotte selbst gemalten Bildern. In der Mitte befindet sich eine Darstellung der

Franz Xavier Winterhalter, *Königin Victoria und Prinz Albert von England*, 1855, Novara-Saal (Saal IV)

Charlotte von Belgien, *Yacht Phantasie*, 1860, Novara-Saal (Saal IV)

Nachstehende Seiten
Bibliothek (Saal V)

Yacht „Phantasie", auf der das Paar seine Mittelmeerkreuzfahrten unternommen hatte. Auf diesem mit Rädern versehenen Dampfschiff, das 1857 bis 1858 im Auftrag Maximilians in London gebaut wurde, hat auch Elisabeth von Österreich zusammen mit ihrem Gemahl Franz Joseph zahlreiche Ausflüge aufs Meer unternommen. Oben in der Mitte sieht man eines der ersten Bilder des damals gerade fertiggestellten Schlosses und im Oval darunter befindet sich eine Ansicht der Insel Lacroma (im heutigen Kroatien), die das Herzogspaar sehr liebte. Einige Möbelstücke in diesem Saal sind ganz in einem seit dem 17. Jahrhundert in den englisch-holländischen und deutschen Werkstätten weit verbreiteten Stil. Erwähnenswert ist ein Möbelstück mit drei Schubladen im lombardischen Stil der zweiten Hälfte des 17. Jahrhunderts, das eine reiche Elfenbeinintarsie mit Putte in der Mitte besitzt, sowie lineare Seitenteile mit beeren- und blütengeschmückten Voluten.

Maximilians Leidenschaft für alles Exotische und für Objekte orientalischer Machart wird auch von einem Schränkchen links neben dem Ausgang bezeugt. Es besitzt mehrere Schubladen und Türchen sowie eine Intarsienarbeit mit linearen, blattförmigen Voluten. Dieses Stück stammt aus der portugiesischen Kolonie Goa in Indien und Maximilian hat es wahrscheinlich in Lissabon gekauft. Auf diesem Möbelstück steht eine kleine Bronzeplastik, bei der es sich um eine getreue Kopie des Reiterstandbilds von Mark Aurel auf dem Platz des Kapitols in Rom handelt.

Saal V, die Bibliothek

Maximilians Bibliothek umfasst 7000 Bände, von denen hier die Hälfte nach Themengebieten aufgestellt ist, genau wie es der Auftraggeber angeordnet hatte. Hier stehen Bücher in den ver-

schiedenen europäischen Sprachen, italienische und ausländische Literatur, Sachbücher über Kunst, Geschichte, Botanik und Geographie, die ungefähr zwischen 1820 bis 1870 herausgegeben worden sind, einige davon besitzen wertvolle Einbände.

Der von den Hofmanns getreu nach den Anweisungen Maximilians eingerichtete Raum wurde bei den Restaurierungsarbeiten 1955 leicht verändert, und zwar sind vor allem die Pfeiler der Bücherschränke erneuert worden. Auf Maximilians Wunsch wurde dieser Raum mit den Büsten einiger Dichter ausgestattet. Dabei fiel die Wahl auf Homer, Dante, Shakespeare und Goethe. Damit sollte den Genies der griechischen, lateinischen, englischen und deutschen Dichtkunst gedacht werden, bzw. den berühmten Vertretern der klassischen Antike, des Mittelalters, des Barocks und der Romantik. Alle Büsten sind Werke des Leipziger Bildhauers Hermann Knaurr und zwischen 1858 und 1859 entstanden.

Ein Bild aus Maximilians Zeit zeigt den Raum in seiner damaligen Gestaltung, von der die heutige nicht stark abweicht. Man erkennt den Schreibtisch vor dem großen Fenster und den Globus, ein Werk Joseph Jüttners (1839), der von der Novara stammt. Rechts neben dem Eingang hängt über der Tür ein Ovalbild mit einem Kinderporträt von Charlotte, Replik eines Werks von Franz Xavier Winterhalter (1842) und ein schönes Beispiel für die Porträtkunst gegen Mitte des 19. Jahrhunderts. Auf der gleichen Seite steht ein Stuhl mit hoher Lehne und Armlehnen, den Maximilian der Überlieferung nach von Prager Adelsdamen erhalten haben soll.

Franz Xavier Winterhalter, *Charlotte von Belgien als Kind*, 1842, Bibliothek (Saal V)

Carlo Marocchetti, *Victoria von England*, nach 1848

Jean Pierre Danton, *Kaiser Maximilian von Mexiko*, 1864, Speisesaal (Saal VI)

Nachstehende Seiten Speisesaal (Saal VI)

Charlottes Wohnräume

Saal VI, der Speisesaal

Dieser und die nachfolgenden Räume gehören zu Charlottes Gemächern. Die Decken und der obere Wandabschnitt sind holzgetäfelt, doch beherrscht werden diese Räume von der blauen Stofftapete, die ihnen eine elegante Leichte verleiht. Auch hier finden sich auf Wunsch Maximilians das Ananassymbol und der Anker mit Krone wieder, während die Oberlichter und Decken jeweils von sich gegenüber stehenden Greifen und den Wappen der Lothringer, der Habsburger und des Hauses Sachsen-Coburg und Gotha geschmückt sind. Bei einem Besuch Miramares im Jahre 1892 notierte der Griechischlehrer der Kaiserin Elisabeth von Österreich - die das Schloss mit Begeisterung aufsuchte - dass „die Kaiserin sich in einem Salon mit blassblauer Seidentapete kämmen liess“, wobei es sich mit großer Wahrscheinlichkeit um diesen Saal handelte.
Die Möblierung verrät, wozu dieser Raum diente. Drei Kredenzen mit Glasvitrine und ein doppelter Schrank stehen links und rechts neben dem Eingang. Sie sind im holländischen Stil der zweiten Hälfte des 18. Jahrhunderts und enthalten Porzellan sowie Tischtücher. In der letzten Kredenz links vor dem Ausgang befindet sich Biskuitporzellan und ein Gipsabdruck, vor allem aber ein Porträt Maximilians als Kaiser von Mexiko in Galauniform, ein Werk Jean Pierre Dantons aus dem Jahre 1864. Daneben steht eine Büste aus Biskuitporzellan, die Maria Theresia von Österreich darstellt, signiert von Elias Hütter, Künstler und Modellmeister der kaiserlichen Porzellanmanufaktur in Wien.

Ein wenig weiter links befinden sich oben die Porträts von Franz I., österreichischer Kaiser von 1804 bis 1835, Josephs II., Maria Theresias Sohn, der von 1780 bis 1790 regierte, während die Büste rechts oben Charlottes Tante Victoria von England darstellt, die dem belgischen Königshaus sehr zugetan war, und die ein Werk von Carlo Marocchetti ist (Mitte des 19. Jahrhunderts). An den Seiten des Raums stehen zwei Konsolen und zwei ovale Möbelstücke mit zierlichen Intarsienarbeiten. Die goldgerahmten Gemälde an den Wänden zeigen verschiedene Themen: Rechts neben dem Eingang befinden sich drei Bilder von Joseph Kropsch (1833), es sind Stillleben mit Tieren und Gemüsesorten. Rechts neben dem Ausgang hängt ein Gemälde von Luigi Steffani mit der Ansicht eines typisch nordeuropäischen Dorfes. Seitlich davon befinden sich zwei kleinere Gemälde auf Porzellan mit Ansichten der beiden Königsresidenzen Sans Souci in Potsdam und des Berliner Schlosses. An der linken Wand hängt ein kleines Tafelbild mit einer Ansicht des Innenhofes des Palazzo Salviati in Venedig, möglicherweise ein Werk von Charlotte, und neben dem zweiten Fenster hängt eine Ansicht des Schlosses von Stein von Ferdinand Le Feubure (1854). Zwischen den beiden Fenstern steht eine Standuhr im holländischen Stil mit Anzeige der Mondphasen.

Saal VII, Charlottes Wohnzimmer

Wand- und Deckendekorationen sind 1955 zur Eröffnung des Museums restauriert worden. Hier pflegte Charlotte Hammerklavier zu spielen. Das Instrument steht noch rechts hinter dem Eingang. Es stammt von der Wiener Firma Wopaterni und wurde erst kürzlich restauriert. Den noch erhaltenen Partituren der Schlossbibliothek nach zu urteilen, spielte Charlotte gern Schubert oder Beethoven; heute werden Konzerte nach diesen Partituren veranstaltet. An den mit blauem Stoff verkleideten Wänden befindet sich ein Porträt Maria Theresias. Dieses Werk hat Jean Etienne Liotard 1744 in Wien gemalt und es zeigt die Kaiserin mit den Händen auf den Kronen der Besitztümer des österreichischen Kaiserhauses.

Links vom Eingang steht eine Kommode, die mit Blumen-, Blätter- und Figurenbeschlägen dekoriert ist. Diese sind aus Bronze, der untere Teil ist vergoldet. Es ist das Werk eines französischen Kunsthandwerkers, der gegen Mitte des 19. Jahrhunderts in seiner Heimat tätig war. Darüber befindet sich eine wahrscheinlich Jean Piere Liotard zuzuschreibende Pastellzeichnung mit dem Porträt eines österreichischen Marschalls (1769). Decke und Oberlichter sind mit dem Wappen des Hauses Sachsen-Coburg und Gotha und dem der Lothringer verziert.

Saal VIII, Charlottes kleiner Salon, das sogenannte Boudoir

Dieser kleine, gemütliche Raum liegt im Erdgeschoss des Turms und besitzt zwei Fenster mit Blick aufs Meer. In einer Nische in der Mitte thront ein Ganzkörperporträt Charlottes in Brianzer Tracht und mit der charakteristischen Haartracht, zu der auch die silbernen, *Sperada* genannten Haarnadeln gehören. Es ist eine Hommage des belgischen Malers Jean Portaels an die lombardischen Frauen. Dieses Gemälde steht voll und ganz in der Bildtradition der Mitte des 19. Jahrhunderts und entstand 1857 anlässlich eines Mailänder Aufenthalts von Maximilian und Charlotte in ihrer Funk-

tion als Vize-Königspaar von Lombardei-Venetien. Oben hängen einige Gemälde von Jan Baptiste van Moer, Charlottes erstem Mallehrer, mit den Ansichten, von rechts nach links, vom Dogenpalast, dem Dom von Santa Maria della Salute und der Kirche von San Giorgio (1859) in Venedig. Darunter befindet sich ein Ovalbild des englischen Malers Herbert Smith mit einem Kinderporträt Leopolds, dem späteren König von Belgien, Leopold II., weiter ein kleineres Bild mit einer Ansicht der Porta Pia in Rom und eine Kopie des Bildes, beides Werke von Charlotte. Die Einrichtung besteht aus kleinen runden Tischen, einem Schriftkabinett und Stühlen – und steht in Form und Schmuck den englisch-holländischen Vorbildern gegen Ende des 18. Jahrhunderts nah. Bemerkenswert ist das auf der Klappe des Sekretärs abgelegte Reiseschreibtisch, dessen Deckel mit Ansichten von Wien, im Einzelnen von den Schlössern Belvedere und Schönbrunn, verziert ist.

Saal IX, das Schlafgemach

Ein Aquarell von Franz und Julius Hofmann zeigt eine ganz ähnliche Raumgestaltung, wie sie dann vom Auftraggeber für diesen Raum bestimmt wurde. Die breiten Holzbänder beleben die Wände und reichen, wie von Maximilian vorgesehen, vom Boden bis zur Decke. Sie zeigen in Wechselfolge die bereits bekannten Symbole wie Anker und Ananas, wobei letztgenanntes in einem florealen Rankenwerk auch die Tapeten schmückt. Die Hofmanns hatten auch ein Bett mit Baldachin vorgesehen, das aber durch das typisch lombardische Bett ersetzt wurde, das hier zu sehen ist; der Überlieferung nach soll es das Hochzeitsgeschenk der Stadt Mailand für Maximilian und Charlotte

Vorhergehende Seiten
Jean François Portaels, *Portrait der Erzherzogin Charlotte in Brianzer Tracht*, 1857, Charlottes kleiner Salon, das sogenannte Boudoir (Saal VIII)

Charlottes Wohnzimmer (Saal VII)

Ludwig Gurlitt, *Ansicht von Meligne*, 1854, Charlottes Umkleideraum (Saal X)

Nachstehende Seiten
Schlafgemach (Saal IX)

gewesen sein. Die übrigen Möbel in diesem Raum sind verschiedenster Machart. Am Eingang steht eine Truhe, geschmückt von einer Intarsienarbeit in Elfenbein mit florealen Motiven und Putten. Sie ist trotz der nachträglichen Veränderungen in den lombardischen Umkreis des ausgehenden 17. Jahrhunderts zu datieren. Weiter links stehen ein blau bezogener kleiner Diwan und zwei Sessel nach einem Entwurf der Hofmanns.
An der Wand über dem Bett hängt eine Kopie von Raphaels Sixtinischer Madonna auf Porzellanuntergrund, das Original befindet sich in der Dresdner Pinakothek. An der Decke wechseln sich die Wappen der Elternhäuser von Maximilian und von Charlotte ab: das Wappen der Lothringer, des Hauses Sachsen-Coburg und Gotha, der Habsburger und der Sachsen. An der Bettseite verbergen sich in der Vertäfelung zwei Türen, von denen die eine in das Privatbad Charlottes führt und die andere zur Kapelle, die der Besucher später über den Korridor erreicht.

Saal X, der Umkleideraum Charlottes

Die Schränke in diesem Raum gehören zum Teil zu den Möbelstücken, welche die Stadt Mailand dem Paar geschenkt hat (Mitte des 19. Jahrhunderts). Durch eine Glastür konnte Charlotte direkt auf die das Schloss umgebende Terrasse hinaustreten. Diese wurde an hier von einem kleinen Säulengang überdacht, dessen Kapitelle die Form von Efeublättern nachzeichnen, während es sich bei der Innenseite der Überdachung um eine polychrome, hölzerne Kassettendecke handelt. An den Wänden hängen Ansichten von Orten, die Maximilian bereist hat. Am Eingang links befindet sich

ein Bild von Ludwig Gurlitt (1853) mit der Ansicht einer mediterranen Landschaft, bei der es sich vermutlich um die Buchten von Kotor handelt, die der Erzherzog 1850 besichtigt hat. Ein anderes Bild am Fenster zeigt die von der Kaiserin Elisabeth so geliebte Insel Korfu.
Rechts am Eingang hängen ebenfalls zwei Bilder Gurlitts, von denen das eine Gebirgslandschaft bei Dachstein und das andere eine Meereslandschaft bei Meligne zeigt (1854). In der Mitte sieht man ein Aquarell von Charlotte, das sie laut Angaben auf dem Rahmen nach einem Werk ihres Triestiner Mallehrers Bernard Fiedler kopiert hat. Es zeigt eine Straße in Jerusalem. Über dem Ausgang hängt ein Bild von Karl von Blaas (1857), *Femmes des environs de Rome.*

Saal mit den Entwürfen Miramares

Ursprünglich war in diesem großzügigem Abschnitt ohne besondere Dekoration Charlottes Dienstpersonal untergebracht. Als der Herzog d'Aosta 1930 das Schloss zu seiner Residenz machte und ein Teil des Gebäudes umgebaut wurde, zog man in diesem Flügel eine Zwischendecke ein, um im unteren Teil einige Zimmer einzurichten. Jüngst wurde dann ein Ausstellungssaal zur Darstellung der Planungsgeschichte der gesamten Anlage von Miramare hier untergebracht.
Hier sind Kopien (im Maßstab von 1:1) der im Museumsarchiv aufbewahrten Zeichnungen ausgestellt, die von Karl Junker und Giovanni Berlam zum Bau des Schlosses und von Franz und Julius Hofmann zur Innenausstattung angefertigt worden waren.
Links vom Eingang sind Junkers Aufrisszeichnungen und Ansichtspläne sowohl des ersten als auch

des zweiten Entwurfes von Junker zu sehen. In der Mitte des Saals befinden sich auf einem Ausstellungstisch die Zeichnungen aus dem Album, das Junker auf Wunsch Maximilians angelegt hat. Hier sind alle Detailentwürfe zu sehen und zwar im Wiener Klafter, einer 1,896 m entsprechenden Maßeinheit. In den Vitrinen an der linken Wand sieht man auf dem ersten Aquarell den Entwurf zur Parkgestaltung aus dem Jahre 1859, dem das heutige Aussehen sehr nahe ist, auch wenn die endgültige Größe von 22 Hektar nicht berücksichtigt wurde.

Das Vorgebirge von Miramare wird zu einem Landschaftsgarten umgestaltet, aus dem die gerade Linie verbannt ist. Nur im Bereich der Gartenbeete im italienischen Stil und in unmittelbarer Nähe um das Schlösschen herum erkennt man eine formale Anordnung. In diesem Park gibt es Wasserläufe, kleine Seen, gewundene Wege, je nach Art des erwünschten Naturbildes überlegt angepflanzte Bäume, aber auch nur scheinbar wild und ohne jede Ordnung belassene Rasenflächen.

Auf einer Tafel in der Mitte zeigen zwei Aquarelle von Karl Junker das Vorgebirge mit dem Schloss in einer Gesamtansicht. Daneben befindet sich ein Bild von Albert Rieger mit einer Ansicht des Schlosses im Bau. Das Gemälde in der Mitte trägt die Aufschrift „November 1857" und wahrscheinlich handelt es sich hier um die Nachzeichnung einer Photographie, die während der Bauarbeiten gemacht worden war.

Ganz besonders wichtig ist die Tafel rechts außen, die Maximilian am 30. Dezember 1866 aus Puebla nach Triest sendet (sie ist von Wilhelm Knechtel unterschrieben) und die einige Abänderungen im Nordteil des Parks vorschreibt. Hier wird noch einmal ausdrücklich darauf hingewiesen, dass der Park mit seinen kleinen Wäldchen einen Landschaftscharakter haben soll und auch zur Gestaltung

Carl Hasse, Das im Bau befindliche Schloss Miramare, 1857, Historisches Museum Schloss Miramare, Depot

Wilhelm Knechtel, *Plan des Parks von Miramare*, 1866, Saal mit den Entwürfen Miramares

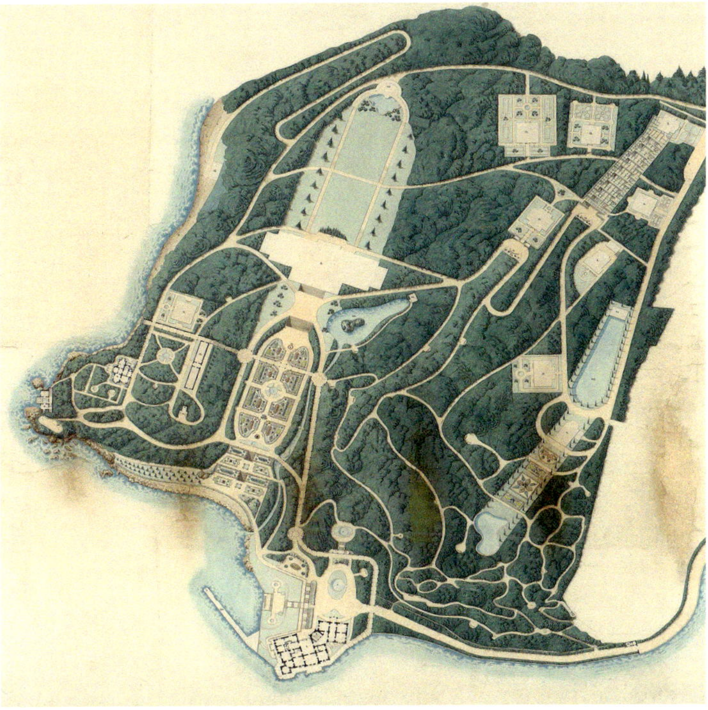

des Vorgebirges werden zahlreiche Abänderungen vorgelegt, unter anderem soll nördlich des Bereichs um den italienischen Garten ein großes Museumsgebäude errichtet werden, in dem Maximilian seine Sammlung ägyptischer Kunstschätze und ethnographische Fundstücke unterbringen möchte. An der Stirnseite des Saals sind die Aquarelle ausgestellt, die Franz und Julius Hofmann angefertigt haben, nachdem sie die von Maximilian schriftlich genau beschriebenen Änderungen vorgenommen hatten.
Zur endgültigen Fertigstellung werden dann aber noch weitere Veränderungen vorgenommen, wie man auf den Photos in den Vitrinen am Ausgang sehen kann. Hier sieht man den Novara-Saal, die Bibliothek, die Prunktreppe im ersten Stock von der Seite, den Audienzsaal, den Saal von Cesare Dell'Acqua und den Thronsaal von oben. Die Photos gehören zu einem Album, das Maximilian dem Atelier von Sebastianutti in Auftrag gegeben hatte und das zwischen 1867 bis 1873 fertiggestellt wurde. Diese Bilder beweisen, dass Einrichtung und Dekoration des Schlosses bis heute unverändert geblieben sind.

Saal XI, die Schlosskapelle

Der Überlieferung nach folgt die Schlosskapelle in ihrem Aufbau dem Vorbild der griechischen Kapelle des Heiligen Grabes in Jerusalem. Der Entwurf zu ihrer Ausstattung ist ein Werk des akademischen Künstlers ungarischen Ursprungs Eduard Heinrich. An der Rückwand befindet sich eine reich verzierte Vertäfelung mit Motiven im Stil der Spätrenaissance, darauf angebracht sind Gemälde mit den Darstellungen der zwölf Apostel im Ganzkörperformat und auf Höhe der Altarmitte in der Lünette über der Ädikula befindet sich ein Bild Gottes. Darunter steht eine kleine Holzskulptur mit einer Darstellung der Gottesmutter mit Kind. Auf die Altarbasis hat der Künstler eine Darstellung des letzten Abendmahles gemalt und im Bild auf der Tischdecke signiert. Darunter bezeugt eine Inschrift in Bronzelettern, dass es sich bei der Wandtäfelung um Zedernholz aus dem Libanon handelt. Vor dem Altar liegen drei Kissen, die Charlotte höchstpersönlich bestickt haben soll. In der linken Ecke befindet sich eine neogotische Kniebank, ein typisches Werk aus dem Österreich des 19. Jahrhunderts.
Die Decke schmücken zwei Bildfelder mit einer Darstellung der Gottesmutter mit Kind, umgeben von Engeln und fünf Heiligen, den Schutzherren der Habsburger, wie zum Beispiel der heilige Franziskus, der heilige Karl Borromäus und der heilige Joseph. Die Vorhänge aus rotem Damast an den vier Ausgängen tragen wieder das Ananassymbol sowie das Wappen Maximilians als Kaiser von Mexiko, also eine Kaiserkrone und einen Adler, der eine Schlange im Schnabel trägt. Dieser Stoff wurde in Auftrag gegeben, als der mexikanische Erzbischof Pelagio Lavastida Triest besuchte und zu Ehren von Maximilians Geburtstag am 6. Juli 1863 hier eine Messe las. An dieses Ereignis erinnert eine schwarze Marmortafel an der Wand rechts vom Eingang. Die Wappen sind auf kleinen, von Engeln getragenen Schildern aufgemalt und mit Abstand zur Wand an der Dachwerkbasis angebracht. Man sieht die Wappen der verschiedenen Regionen des Kaiserreichs, wie zum Beispiel das von Lombardei-Venetien, von Böhmen, von Ungarn, von Illyrien und von Galizien Bukowina.

Saal XII, der Windrosensaal

Von der Deckenmitte dieses Saals hebt sich eine Kompassrose mit einem Zeiger zur Angabe der Windrichtung ab. Dieser ist nämlich mit der Fahne auf dem Dach des Schlosses verbunden. Seitlich sieht man die Wappen von Habsburg-Lothringen, des belgischen Königshauses und das Wappen Maximilians. Im Sommer diente dieser große Raum als Speisesaal. Außerdem diente er von dem kleinen Hafen aus als der direkte Zugang zum Schloss, wenn man Miramare auf dem Meeresweg erreichte. Damit erklärt sich auch, warum sich hier statt des üblichen Parketts der noch originale Marmorfußboden befindet. Manchmal wurde hier aber auch gespielt, wie der Billardtisch und die grünbezogenen Tische verraten.

An der Wand rechts vom Eingang hängt ein großes Bild von Ippolito Caffi mit einer Darstellung der Abendgala, welche die Stadt Venedig anlässlich des offiziellen Besuchs von Maximilian und Charlotte am 2. August 1857 veranstaltet hat. Weiter rechts sieht man einige Landschaftsbilder. Im Einzelnen: eine Alpenlandschaft von Leopold Voscher (1855), ein Panorama der Meeresbuchten von Kotor von Ludwig Gurlitt (1850), eine Gebirgslandschaft von Hermann Pohle (1855) und ein Landschaftsbild von Ludwig Kuhnen (um 1850).

Mit diesen Sälen schließt der Rundgang durch das Erdgeschoss ab, wo das erzherzögliche Paar vom 24. Dezember 1860 bis zum Tag ihrer Abreise nach Mexiko am 14. April 1864 gewohnt hat.

Vorhergehende Seiten
Ippolito Caffi, *Abendgala in Venedig anlässlich des offiziellen Besuchs von Maximilian und Charlotte*, 1857, Windrosensaal (Saal XII)

Windrosensaal, Quadrant (Saal XII)

Prunktreppe

Die Prunktreppe

Die Prunktreppe ist getreu den Anordnungen Maximilians „aus Eichenholz", mit sechs Lampenhalterungen in Form von Pagenfiguren errichtet worden. Diese sind nach der Mode zur Zeit Maximilians I., dem Kaiser der Habsburger in der ersten Hälfte des 16. Jahrhunderts, ausgestattet, dessen Wappen man in den Schnitzereien erkennt. Die Treppe stellt eine Art ideelle Verbindungsbrücke zur Spitze des Vorgebirges dar, denn von hier aus kann man den ganzen Golf von Triest bis hin nach Duino überblicken. Außerdem trennt sie den vom Adelspaar bewohnten Abschnitt im heiteren und sonnigen Südwesten vom Wohnbereich des Dienstpersonals im Nordosten ohne Blick aufs Meer. An den Treppenaufgängen befindet sich ein mit Schnitzereien geschmückter Durchgang, dessen Innenseite die Darstellungen sich gegenüberstehender, ein Schild haltender Greifen ausschmücken, abwechselnd mit hölzernen Reproduktionen des Ananassymbols, während die Außenseite von Wappen verziert ist: am linken Aufgang mit den Wappen Charlottes, am rechten Aufgang mit denen Maximilians. Am Ende des Aufgangs thront in der Mitte über den beiden Fenstern das Kaiserwappen Maximilians.

Entlang der hohen Wände sind die von Wissenschaftlern einer Expedition mit der Novara gesammelten Fundstücke ausgestellt. Diese Weltumseglung von 1857 bis 1859 hat Maximilian finanziert. Besonders erwähnenswert ist die Trophäe aus prähistorischer Zeit ganz oben.

Die Wohnräume des Herzogs d'Aosta

Bevor man den Rundgang durch den habsburgischen Wohnsitz weiterführt, sollte man den 1996 wiedereröffneten Schlossflügel besichtigen.

Ursprünglich waren in diesem Abschnitt die Arbeitsräume von Maximilians Beratern untergebracht. Die drei Räume wiesen eine Vertäfelung auf, die nach dem Beispiel der im Erdgeschoss befindlichen angefertigt wurde. Die Möbel und Bilder sind später in anderen Räumen untergebracht worden. Als Amedeo d'Aosta Miramare zu seiner Residenz machte, beschloss er, in diesen Räumen des Schlosses die Privatwohnung für seine Familie einzurichten. Er wohnte von 1930 bis 1937 hier. Alberto Riccoboni, Architekt der damaligen königlichen Oberintendanz, der Ferdinando Forlati vorstand, leitete die Umbauarbeiten. Die Räume wurden nach dem damaligen Zeitgeschmack im rein rationalistischen Stil eingerichtet.

Die erst kürzlich vollendete Restaurierung zeigt genau, wie die Eingriffe in den Wohnsitz aus dem 19. Jahrhundert ausgesehen haben: Die Lobeshymne der Zeitschrift „Domus" (1931) auf die Innendekoration und Raumgestaltung bestätigt, wie aufmerksam und sorgfältig die Umgestaltung vor sich ging.

Die Besichtigung beginnt beim Badezimmer mit den noch erhaltenen Einrichtungsgegenständen. Es folgt das Empfangszimmer der Herzogin Anna d'Aosta mit der ursprünglichen Anordnung der Möbel. An den Wänden hängen zwei große Gemälde von Umberto Noni (1931) mit exotischen The-

Wohnräume des Herzogs d'Aosta, Badezimmer, 1930

Napoleone Martinuzzi, Ziergerät in *Pulegoso*-Glas (Wohnräume des Herzogs d'Aosta, Empfangszimmer der Herzogin), 1932-1935

Nachstehende Seiten
Wohnräume des Herzogs d'Aosta, Arbeitszimmer des Herzogs

OCEANO
INDIANO

PIETRO QUERINI
FIDE ENIM ROBORE TENTAVERE

men, seitlich des Eingangs sind ausgestellt: an der Tür links Stücke von dem eigens für das Schloss in Auftrag gegebenen Tischgeschirr des Herzogs; auf der rechten Seite befindet sich Ziergerät aus dem Besitz Amedeos, Werke von Napoleone Martinuzzi, ausgeführt in *Pulegoso*-Glas, einer für die Firma Venini in Venedig erfundenen Arbeitstechnik.

In der Mitte des Schlafgemachs der Herzogin stehen heute einige Vitrinen mit Photographien aus der damaligen Zeit, an denen sich ablesen lässt, welche Veränderungen die Räume aus Maximilians Epoche beim Umbau durch den Herzog d'Aosta erfahren haben. An den Wänden hängen Ovalbilder des Triestiner Malers Gino Parin (1930) mit den Porträts des italienischen Königs Vittorio Emanuele III. und der Königin Elena. In den beiden Bilderrahmen befanden sich ursprünglich die Porträts von Franz Joseph und von Elisabeth von Österreich, die heute im Saal XV zu sehen sind.

Am Eingang links hängt eine Kopie von Van Dycks Gemälde der Heiligen Rosalie. Dieses Bild am Kopfende des Bettes stammt aus der Sammlung Maximilians.

Im darauffolgenden Raum sind die Möbel aus dem Studierzimmer des Herzogs d'Aosta aufgestellt. Umberto Piazzo hat sie entworfen und die Triestiner Firma Zanetti hat sie dann aus verschiedenen Holzarten hergestellt, unter anderem aus Oliven- und Nussbaumwurzelholz, in Kirschholz und Rosenholz, in Kaukasus-Nussbaum und Ebenholz aus Makassar. An der rechten Seite hängen zwei große Bilder von Carlo Siviero (1933) mit den Porträts von Amedeos Eltern, Emanuele Filiberto und Hélène d'Orléans. Über den Türen und seitlich des Eingangs befinden sich drei Bilder von Umberto Noni mit Ansichten der italienischen Besitzungen in Afrika sowie einer Landkarte, auf der die Namen der berühmtesten Seefahrer eingezeichnet sind. Hinten rechts steht eine bronzene Gedenkbüste Amedeo

Wohnräume des Herzogs d'Aosta, Arbeitszimmer des Herzogs, Schreibtisch, 1930

Nachstehende Seiten
Fürstensalon (Saal XIII), Herrschersaal (Saal XIV)

d'Aostas, die seine Gemahlin, die Herzogin Anna, dem Museum 1959 gestiftet hat. Es ist ein Werk des Bildhauers Romano Romanelli. Wenn man weitergeht, kommt man in einen Raum, von dem aus man zu Maximilians Zeiten in den zweiten Stock, den der Dienerschaft vorbehaltenen *Mezzanin* gelangte. Er wurde später zum Eingang in den Wohnbereich des Herzogs umgestaltet. Wie bereits im 19. Jahrhundert hängt hier ein Teil der Sammlung von Aquarellen und Temperabildern mit den Ansichten verschiedener Mittelmeerhäfen, insbesondere Ansichten von Livorno. Es sind Werke der venezianischen Künstler Giacomo und Antonio Baseggio und des Wieners Antonio Piemontesi, „Il Baseggio" genannt. Diese Vedutenmaler waren gegen Ende des 18. Jahrhunderts in Livorno tätig. Damit nehmen wir die Besichtigung von Maximilians Gemächern wieder auf. Im Gegensatz zum Erdgeschoss finden sich mit Ausnahme von Saal XVI in allen Sälen die Wappen von Maximilian und seiner Familie.

Die Gästeräume und die Empfangsräume

Das Vestibül

In diesem Abschnitt mit den noch erhaltenen Marmorfussböden steht in der Mitte ein runder Brunnen mit vier Greifen aus Metall und einem transparenten Boden, durch den man das Atrium im Erdgeschoss sieht. Schon in seinem ersten Triestiner Wohnsitz Villa Lazzarovich hatte Maximilian Wasserspiele – ein in den Villen des 19. Jahrhunderts sehr beliebtes Dekorationselement – anlegen lassen, und im Schlösschen stand ein ganz ähnlicher Brunnen. Seitlich der großen Fenster mit Blick auf Triest stehen zwei Holzschränkchen aus Tannenholz, das zur Imitation von Ebenholz eingefärbt ist, und die Elfenbeinintarsien aufweisen, eine lombardische Arbeit aus der ersten Hälfte des 19. Jahrhunderts. An den Wänden sieht man vier Porträts: von links nach rechts: Caterina de' Medici, ein Werk von Antal Haan, Friedrich II. König von Preußen, signiert von Francesco Guerini, nach einem Gemälde von J.B. Francke, das sich in Schloss Charlottenburg in Berlin befindet, Cesare Borgia von August Worndle (1856), Katherina II. von Russland, ebenfalls von Francesco Guerini. Die Oberlichter zeigen das für Miramare entworfene Wappen Maximilians mit einem Kreuz in der Mitte, sowie zwei Ananas und zwei Anker mit jeweils einer Krone. Seitlich der Türen befinden sich im oberen Bereich Wandpfeiler mit ionischem Kapitell und im unteren Bereich sechs Maskarons im Flachrelief nach ganz eindeutig österreichischer Machart.

Saal XIII, der Fürstensalon

Bei Maximilians Abreise nach Mexiko am 14. April 1864 war dieser Teil seines Wohnsitzes noch nicht fertig eingerichtet. Einige Möbel wurden auf seine Anordnung aus der Villa Lazzarovich hergebracht. Ein Teil der Bilder wurde einem ganz bestimmten ikonographischen Programm folgend in Auftrag gegeben. Die Wanddekorationen sind ganz im Stil der Zeit reich an blattvergoldverzierten Schnitzereien abwechselnd mit Flächen aus Nussbaumwurzelholz, was ganz mit der für das Zweite Kaiserreich so charakteristischen Tendenz einhergeht, Modelle der Renaissance und des Barocks neu aufzuarbeiten, betont durch die rote Stofftapete und die roten Fensterschals. Hinter dem Eingang

links steht ein Schränkchen mit geometrischer Intarsienarbeit aus Schildpatt, das sich ganz eindeutig an Vorbildern der Renaissance inspiriert und aus einer lombardischen Handwerkstätte aus der Mitte des 19. Jahrhunderts stammt. Darüber befindet sich ein Porträt von Ludwig Viktor (1853) und direkt gegenüber ein Bildnis von Maximilians anderem, jüngeren Bruder Karl Ludwig, beides Werke des Malers Anton Eisle. Darunter stellt eine Büste aus weißem Marmor Louise d'Orléans dar, die Mutter Charlottes.

Das Oberlicht der Eingangstür zeigt das große Waffenwappen der Sachsen, über dem Ausgang befindet sich das große Waffenwappen Österreichs.

Rechts am Eingang steht ein Schränkchen aus Kirsch- und Ebenholz mit einer reichen Intarsienarbeit aus Edelstein und Marmor, Blüten und Früchte darstellend. Etwas weiter davon fällt das Portal aus einem Tiroler Schloss ins Auge, das auf Maximilians Wunsch in die Wandtäfelung dieses Raums eingefügt wurde. Seine Säulen, Türsturz und -flügel sind sehr schön verziert. Darüber sieht man Maximilians Wappen als Kaiser von Mexiko und noch weiter oben das der Savoyer, später vom Herzog d'Aosta hinzugefügt.

An den Wänden hängen die Bildnisse einiger Ahnen Maximilians, darunter, von rechts beginnend, das Porträt von Kaiser Joseph II., dem Sohn Maria Theresias, in einer Kopie von Tito Aguyari nach dem Original von Martin van Meytens, weiterhin das Porträt der Kaiserin Elisabeth Christina von Braunschweig, Gemahlin Karls VI. und Mutter Maria Theresias, das Bildnis von Eleonore von Pfalz-Neuburg, Gemahlin von Leopold I., und schliesslich Karls V. in einer Kopie von Tito Aguyari nach dem Original von Martin van Meytens.

Eingerahmt von zwei Stühlen sieht man einen Tisch, dessen Platte eine aufs genauste ausgeführte Mosaikarbeit mit Stillleben aufweist. Die Stofftapete ist jüngeren Datums und im Motiv eine Nacharbeitung der Tapete, die der Herzog d'Aosta 1930 hier anbringen ließ.

Saal XIV, der Herrschersaal

Mit ihren verschwenderischen, mitunter blattgoldverzierten Schnitzereien dominiert in diesem, wie auch in den nachfolgenden Räumen, die prunkhafte Vertäfelung an Wänden und Decke, ergänzt von dem roten Stoff, den man auch auf dem von Maximilian in Auftrag gegebenen Photo sieht.

Der Raum hat sich im Vergleich zu früher nur wenig verändert. Die Gestaltung der Decke ist relativ gleichmäßig. An den Seiten sieht man vier Ovale und viele Paneele tragen Maximilians Monogramm mit dem doppelten „M" (Maximilian Mexiko), dazwischen die Ziffer „I." zur Angabe der kaiserlichen Chronologie. Darüber befinden sich die Krone und die verschlungenen Initialen „M" und „C", also Maximilian und Charlotte. Paneelstreifen mit Darstellung geflügelter Wesen wechseln sich mit reich verzierten Lisenen ab.

Die linke Raumseite wird von dem Bett aus vergoldetem Holz beherrscht, dessen Kopfende in der Mitte mit dem Bild einer schlafenden Putte ausgeschmückt ist. Der Baldachin ist aus demselben roten Damast wie der an den Wänden. Auch er trägt das oben beschriebene Monogramm. Vier hohe Säulen tragen ebenso viele Vollplastiken mit Darstellungen von Frauenfiguren. Das Bett stammt aus einer französischen Werkstatt und der Überlieferung nach ist es das Hochzeitsgeschenk Napoleons

III. an Maximilian und stand ursprünglich im Palazzo Vendramin der Herzogin du Barry in Venedig. Auf der linken Seite steht ein Tischchen mit runder Platte aus schwarzem Scheinalabaster und sieben mosaikgeschmückten Ovalen mit detailliert ausgeführten Ansichten der wichtigsten Bauwerke Roms, wie des Kolosseums, des Triumphbogens von Septimius Severus mit den Ruinen des Forums, des Grabes von Cecilia Metella, des Pantheons, des Vestatempels, des Titusbogens und in der Mitte des Petersplatzes mit Basilika. An diesem Tischchen, einem Hochzeitsgeschenk von Pius IX., hat Maximilian vor der mexikanischen Besucherdelegation die Urkunde zur Annahme der mexikanischen Krone unterschrieben. Diese Episode ist auf einem Bild in Saal XIX dargestellt, wo auch das Tischchen zu sehen ist. Gegenüber steht ein zweites Tischchen aus derselben vatikanischen Werkstatt, ebenfalls mit runder Platte und minutiös ausgeführten Mosaiken. Es hat einen Außenstreifen mit rechteckigen Intarsien aus vielfarbigem Marmor und zeigt Veduten von Rom, wie dem Petersplatz, dem Pantheon, dem Grab von Cecilia Metella, dem Vestatempel, dem Kapitol, dem Kolosseum, dem Brunnen der Acqua Paola und dem Septimius Severus-Bogen. In diesem Saal hängen die Porträts von fünfzehn Herrschern aus der Zeit Maximilians. Auf den Rahmen ist der Name der hier Dargestellten mit dem Wappen des jeweiligen Hauses zu sehen. Nach dem ikonographischen Programm des Auftraggebers sollten diese Herrscherbilder implizit seine Zugehörigkeit zu der Welt der Mächtigen im Europa der Mitte des 19. Jahrhunderts symbolisieren. Es handelt sich um Werke von Kopisten nach offiziellen Vorbildern. Einige Bilder stammen aus dem Jahre 1866. Von rechts beginnend sieht man Wilhelm I. von Preußen (Carl Haase), Pedro II. von Brasilien, Ludwig von Bayern, Napoleon III. von Frankreich, sowie Vittorio Emanuele II. König von Italien; von links beginnend

Franz Xavier Winterhalter (Kopie nach), *Portrait von Marie Louise d'Orléans*, Audienzsaal (Saal XV)

Franz Xavier Winterhalter (Kopie nach), *Leopold I., König von Belgien*, Audienzsaal (Saal XV)

Karl I. König von Württemberg, Georg V. von Hannover, Johannes IV. von Sachsen (Carl Haase), Karl XV. von Schweden und Norwegen, Christian X. von Dänemark und Wilhelm III. von Holland. An der Rückwand sieht man von links beginnend Maria Isabella II. von Spanien, Alexander II. von Russland, Georg I. von Griechenland und Papst Pius IX.
Diese Werke von Carl Haase sind keine einfachen Kopien, sondern beschreiben die Physiognomie der einzelnen Herrscher aufmerksam und besitzen eine beträchtliche Ausdruckskraft. An der Decke sind Wappen zu sehen, in dem Oval links in der Nähe des Fensters, das von Galizien und das des Lombardisch-Venezianischen Königreiches, in Richtung Eingangstür die Wappen Ungarns und das Wappen der Steiermark und Kärntens; rechts in der Nähe des Fensters, das Wappen Böhmens und das Tirols; hin zur Eingangstür das Wappen Österreichs und das Illyriens. In der Mitte prangt Maximilians Wappen als Konteradmiral der Flotte und daneben das Wappen der Habsburger und das der Lothringer.

Saal XV, der Audienzsaal

Mit seiner privilegierten Lage innerhalb des Schlosses, nämlich in der Mitte der Fassade, ist dieser Saal einer der repräsentativsten Räume. Er besitzt große Fenster mit Blick auf das Meer, von denen drei auf einen Balkon gehen, über den man in den Möwensaal und damit auf die Parkseite gelangt. Dieser für offizielle Anlässe vorgesehene Raum zeigt Gemälde mit den Porträts der Menschen, die in Maximilians Leben eine wichtige Rolle gespielt haben. Von rechts beginnend sieht man Charlottes Vater Leopold I., König von Belgien (1865), Eugenie, die Frau Napoleons III., Napoleon III.

Franz Xavier Winterhalter (Kopie nach), *Kaiser Napoleon III.*, Audienzsaal (Saal XV)

Franz Xavier Winterhalter (Kopie nach), *Kaiserin Eugenie*, Audienzsaal (Saal XV)

und Louise d'Orléans (1850), die Frau Leopolds I. und Mutter Charlottes. Alle Bilder sind Kopien von Giovanni Guillemet nach den Originalen von Franz Xavier Winterhalter. Auf der linken Seite sieht man Franz Joseph direkt nach seiner Ernennung zum Kaiser in einem Porträt von Anton Eisle (1849), und gegenüber ein Ganzkörperporträt seiner Gemahlin Elisabeth, das Eliza Türck (1854) kurz nach der Hochzeit gemalt hat.
Einige dieser Bilder hingen bereits in der Villa Lazzarovich und sind zusammen mit dem Mobiliar hierher gebracht worden, dazu gehören auch die mit rotem Stoff bezogenen Sofas, Stühle und Sessel mit goldenen Lehnen und Füssen. Auch die kleinen Tische in diesem Saal mit den detaillierten Mosaiken aus einer vatikanischen Werkstatt verdienen Beachtung. Sie stehen alle auf Dreifüssen aus vergoldetem Holz und schwarzem Scheinalabaster: Der Tisch am Fenster in der Nähe des Eingangs zeigt eine sehr elegante Darstellung mit Blumen und Tauben in einem Rankenwerk aus Blättern, während der Tisch auf der linken Seite in Richtung Ausgang eine Ansicht des Kolosseums trägt, eingefasst in einer Krone aus verschiedenfarbigen Marmorintarsien. Auf der linken Seite steht ein kleiner Tisch, das Werk eines Kunsthandwerkers aus der Mitte des 19. Jahrhunderts, dessen Untergestell mit geflügelten Tieren verziert ist, während die kreisrunde Platte sich durch das Farbspiel verschiedener Marmorsorten auszeichnet. In der Mitte vor dem großen Fenster steht ein Tisch, ein Geschenk von Sophie, der Mutter Maximilians. Die Wandverkleidung dieses Saals ist mit den von Karyatiden getragenen Wandpfeilern und den blattgoldverzierten Schnitzereien besonders üppig. Die Türrahmen und -flügel aus Wurzelholz weisen ein komplexes Blattwerk mit Vergoldungen auf. Der rote Stoff rundet den Prunkcharakter dieses Saals ab. Auch er zeigt wieder die aus den vorher-

Eduard Heinrich, *Portrait von Charlotte von Belgien*, 1863, Konversationssaal (Saal XVI)

Anton Einsle, *Portrait des Kaisers Franz Joseph I.*, 1849, Audienzsaal (Saal XV)

Eliza Türck, *Portrait der Kaiserin Elisabeth*, 1854, Audienzsaal (Saal XV)

Audienzsaal (Saal XV)

Nachstehende Seiten
Konversationssaal (Saal XVI)

gehenden Sälen bereits bekannten Symbole Maximilians, nämlich das Monogramm mit dem doppelten „M“ unter der mexikanischen Kaiserkrone, sowie den Adler mit der Schlange im Schnabel. Diese Symbole wechseln sich mit florealen Voluten und dem Ananassymbol ab.
Ein genau festgelegtes ikonographisches Programm zeichnet diesen Raum aus und es ist genauestens und meisterlich nach den Anweisungen Maximilians ausgeführt, der sie 1866 Carl Haase von Mexiko aus diktiert hat. Das Bild über dem Eingang zeigt die Wiener Hofburg und das Stadtzentrum vor der Fertigstellung des Rings. Links sieht man das Burgtor von Pietro Nobile und im Vordergrund die kaiserlichen Gärten. Diese Darstellung zeigt den offiziellen Sitz der Habsburger und weist damit auf Maximilians Herkunft hin.
Weiter rechts sieht man ein Bild mit der Burg der Habsburger in der Nähe von Zürich, die heute zum Teil wieder aufgebaut worden ist. Mit diesem Bild wird auf den Ursprung der Familie und auf den Ort in der Schweiz verwiesen, aus dem Maximilians Ahnen stammten, bevor sie sich in Österreich niedergelassen haben. Das letzte Oberlicht schließlich zeigt das Schloss von Chapultepec in Mexiko Stadt, also Maximilians neuen Wohnsitz. Rechts am Ausgang befindet sich ein Kamin aus schwarzem belgischem Marmor, daneben die Gerätschaft zu dessen Bedienung, wie das elegant verzierte Holzgestell und die Eisengabeln mit dem Wappen Maximilians. Die Heraldik in diesem Saal ist vergleichsweise komplex: An der Decke, die in ihren geometrischen Formen das Fußbodenmuster wieder aufnimmt, sieht man 52 Wappen, die alle in Bezug zu den Regionen des habsburgischen Imperiums stehen. In der Mitte stehen sich das Wappen Mexikos und das von Österreich gegenüber.

Saal XVI, der Konversationssaal

Die drei Oberlichter, die Maximilian dem Triestiner Maler Giuseppe Pogna in Auftrag gegeben hatte und die um 1866 ausgeführt sind, erinnern an seine großen Leidenschaften: das Meer und die Gärten. Über der Eingangstür sieht man den Olivenfels von Pola in Istrien, wo sich die Werft der kaiserlichen Kriegsmarine befand. Rechts oberhalb der Tür sieht man eins der ersten Bilder des Schlosses und des Parks, noch im Anfangsstadium mit nur wenigen und noch kleinen Bäumen, sowie im Vordergrund den italienischen Garten. Über der Ausgangstür hängt ein Bild des Chalets Maxing, die kleine Villa, die sich Maximilian als Junge am Rand von Schönbrunn errichten liess und die ihm als Zufluchtsort vor der strengen Etikette bei Hof diente und außerdem den idealen Ort zum Studium der Pflanzen und der Natur darstellte.
Die Oberlichter sind von einer reichen Holzdekoration eingefasst mit bereits aus den Sälen XIV und XV bekannten Motiven. Der rote Stoff trägt hier dasselbe Motiv wie die Vorhänge der Kapelle im Erdgeschoss: den Adler unter einer Krone sowie die Ananas in einem ausgearbeiteten florealen Rankenwerk.
Genauso reich dekoriert sind die etwas hervorstehenden Schnitzereien und die Wappen, nämlich das von Charlottes Familie, die Wappen der deutschen, mit dem Hause Sachsen-Coburg und Gotha verwandten Dynastien, sowie das Wappen Maximilians.
Rechts auf dem Kamin aus schwarzem belgischem Marmor steht eine Porzellanvase, ein Hochzeitsgeschenk Wilhelms von Preußen. In der gegenüberliegenden Ecke steht eine Marmorgruppe

von Innocenzo Fraccaroli (1854) mit einer Darstellung Daedalos und Ikarus, die Maximilian 1858 während seiner Mailänder Zeit erworben hat. Auf der linken Seite steht eine kleine Sitzgarnitur mit vergoldetem Holz aus der Villa Lazzarovich und ein kleiner Tisch mit einer detaillierten Mosaikarbeit, die Ansichten von Rom zeigt, und Kompositionen aus verschiedenfarbigem Marmor. Vor dem Ausgang befindet sich ein kleiner Konsolentisch mit neubarocken Formen und einer Marmorplatte, auf der eine Skulptur aus schwarzem Stein mit der Darstellung eines verletzten Löwen steht. Es ist der Entwurf für ein Denkmal von Leone Bottinelli (1867). Dieses Werk stand auf dem Friedhof von Lissa und erinnert an den Seesieg der Österreicher über die Italiener. An den Wänden hängen einige Porträts, von links: Ferdinand II. König beider Sizilien; Ernst von Coburg; Charlottes Vater Leopold I., kurz vor seinem Tod, ein Werk von Cesare Dell'Acqua (1866); die Porträts von Charlotte und Maximilian als Kaiser von Mexiko, ein Werk von Eduard Heinrich (1863); Maria Theresia, die Königin von Neapel.

Saal XVII, der japanische Salon

Schon seit seiner Jugend hatte Maximilian einen Hang zum Exotischen. Bereits in der Villa Lazzarovich lässt er einige Säle im maurischen Stil einrichten, deren Ausstattung und Möbel während seines Aufenthaltes in Triest ins Schloss gebracht wurden. Für Miramare zieht er Motive aus dem Fernen Osten vor und richtet einen Saal im japanischen Stil ein. Decke und Wände sind mit einem Seidenstoff mit florealen Motiven und Tierdarstellungen verkleidet. Die Vertäfelung an den Wänden besteht zum Teil aus Bambus und auch die Türflügel zeigen Blumen- und Tierdarstellungen auf dunklem Untergrund. Die hier ausgestellten Objekte hat Maximilian auf seinen Reisen bei Antiquitätenhändlern erworben; sie stammen zum Großteil aus europäischer Produktion, bis auf einige Stücke, die die Besatzung der Novara von ihrer Weltumseglung 1857 bis 1859 mitgebracht hat.

Saal XVIII, der chinesische Salon

Wie auch der vorige Saal war dieser Raum im Turm mit Blick auf das Meer ein Raucherzimmer. Hier herrscht eine Atmosphäre im chinesischen Stil. In der reichen Holzdekoration mit ausgearbeiteten Schnitzereien, insbesondere in dem Oberlicht der Eingangstür ist Schwarz die vorherrschende Farbe. Die Wände sind zum Teil mit einem Seidenstoff mit Pagodenmotiv und Blumenranken verkleidet. In der Decke befindet sich eine Kuppel, deren Segmente aus schwarzem Leder sind. In der Mitte hängt eine mit Drachen und anderen exotischen Tieren bemalte Glaslampe.
Vasen, Skulpturen, Schränkchen, Paravents, Tischchen und Hocker stammen aus der Sammlung Maximilians, der hier eine Ausstellung von Wunderwerken im Sinn hatte, ganz wie es der Mode entsprechend in den Adelsresidenzen üblich war. Insbesondere war hier das chinesische Zimmer von Schönbrunn Vorbild, das Maria Theresia von Habsburg so sehr liebte.

Chinesischer Salon
(Saal XVIII)

Saal XIX, der historische Saal, auch der Saal von Cesare Dell'Acqua genannt

Maximilian lässt den Ort , wo er als Abkömmling einer der wichtigsten europäischen Adelsfamilien seine Residenz plant, auch erforschen. Zu diesem Zweck beauftragt er den Triestiner Historiker Pietro Kandler. Dieser macht sechs wichtige Episoden aus, die der Ort im Laufe der Jahrhunderte erlebt hat und übermittelt diese dem Maler Cesare Dell'Acqua, der eine gleiche Anzahl von Bilder dazu malen sollte. In diesem Raum befinden sich die Darstellungen der Ereignisse, die in der Vergangenheit und zur Zeit Maximilians bei der Errichtung des Schlosses eine Rolle gespielt haben. Gleichzeitig ist es ein würdiges Vorzimmer zum Thronsaal. Auch dieser Raum war in dem bereits bekannten roten Stoff mit Adler und der mexikanischen Krone verkleidet, wie das Photo aus dem offiziellen Schlossalbum beweist. Vor den verschlossenen Türflügeln ist eine Marmorbüste von Johann Halbig (1858) zu sehen, die Maximilians Mutter, Sophie von Wittelsbach, zeigt. Zu beiden Seiten steht ein Ebenholz nachahmendes, eingefärbtes Holzschränkchen mit Elfenbeindekorationen, während in der Mitte ein Tisch aus dem 19. Jahrhundert steht.

Von rechts beginnend zeigt das erste Gemälde die Kaiserin Livia, während sie bei der Weinlese des für diese Gegend bekannten Pucino-Weins zuschaut (1858): Der Rahmen trägt die Inschrift: „Julia Augusti Pucino vino nec alio usa vitiferos colles Grinianos invisit". Es folgt die Darstellung einer Episode, die bezeugt, dass die Habsburger schon vorher in der Gegend um Miramare waren: Kaiser Leopold I. 1660 bei einem Besuch des Franziskanerklosters in Grignano (1857). Zu diesem Gemälde gibt es einen Entwurf mit ähnlichem Aufbau. Die Inschrift lautet: „Imperator Caesar Leopoldus I

Historischer Saal, auch der Saal von Cesare Dell'Acqua genannt (Saal XIX)

Cesare Dell'Acqua, *Die Kaiserin Livia in Grignano*, 1858, Historischer Saal, auch der Saal von Cesare Dell'Acqua genannt (Saal XIX)

Fratres Minores Grinianenses praesentia sua laetificavit". Auch an den Besuch in Miramare am 18. Mai 1861 von Elisabeth von Österreich, der Gemahlin Franz Josephs, wird erinnert. Die Kaiserin kam nach einem Madeira-Aufenthalt nach Triest. Die von Dell'Acqua gemalte Szene ist auch in der *Cronaca di Miramare* (ein Tagebuch mit den Beschreibungen der wichtigsten Ereignisse von Weihnachten 1860 bis 1863 einschließlich) beschrieben und hat den Charakter einer Momentaufnahme. Im Vordergrund sieht man die Schaluppe mit der britischen Flagge, denn Elisabeth kam mit dem englischen Dampfschiff Victoria and Albert an. An Bord sind auch Franz Joseph und Maximilian, rechts von ihnen die Matrosen mit zum Gruß erhobenen Ruder. In der Mitte erkennt man Elisabeth in einem blauen Kleid, wie sie von Charlotte begrüßt wird. Die Szene spielt sich vor dem kleinen Hafen ab, wo die Erzherzöge Albert, Wilhelm, Heinrich und Joseph zusammen mit dem Prinzen Alexander von Hessen und der Gräfin Esterhazy (Hofmeisterin Elisabeths) sowie der Prinzessin von Auersperg (Hofdame Charlottes) stehen. Auf dem Platz oben spielt die Kapelle der Militärmarine. Auch zu diesem Bild legt Cesare Dell'Acqua 1865 einen Entwurf vor, den er noch im selben Jahr umsetzt. Das Begleitschreiben lautet: „Felix adventus Elisabethae Augustae ex insula fortunata oceani die XVIII mensis Maii MDCCCLXI". Daneben hängt ein Bild mit der Darstellung des Besuchs der mexikanischen Delegation, die Maximilian die Kaiserkrone anbietet. Dieses Ereignis fand am 3. Oktober 1863 in einem Zimmer im Erdgeschoss statt, das später zum Schlafgemach umgestaltet wurde. Links auf dem Bild neben Maximilian erkennt man den kleinen Tisch aus Saal XIV, auf dem das zu unterzeichnende Dokument liegt. Auf der rechten Seite steht die mexikanische Delegation, angeführt von José María Gutiérrez de Estrada. Die Physiognomie der einzelnen Figuren ist so sorgfältig

Cesare Dell'Acqua, *Der habsburgische Kaiser Leopold I. besucht das Franziskanerkloster in Grignano*, 1857, Historischer Saal, auch der Saal von Cesare Dell'Acqua genannt (Saal XIX)

ausgeführt, dass man annimmt, die Szene sei mit Hilfe einer Photographie gemalt worden. Hinter Gutiérrez sieht man Pater Francisco Javier Miranda, Joaquín Velázquez de Léon, Ignacio Aguilar y Marocho, José Manuel Hidalgo, Adrian Woll, Conde de Valle, Antonio Arango y Escandón, Ángel Iglesias y Domínguez, José María Landa. Das 1867 ausgeführte Bild trägt die Inschrift: „Corona Mexici Ferdinando Maximiliano archiduci per legatos oblata die III. mens. Oct. MDCCCLXIII". Ein Bild weiter hinten erinnert an die mythische Präsenz der Argonauten an der Mündung des Timavo, also ganz in der Nähe von Miramare. Es ist 1867 entstanden und trägt folgende Inschrift: „Anno MCLX a.ch.n. Argonautae ex Euxino in Hadriaticum veniunt humeris trans Alpem vecta nave".
Das letzte Bild zeigt Maximilians und Charlottes Abreise nach Mexiko am 14. April 1864. Auf der rechten Seite sieht man die Schaluppe mit der mexikanischen Flagge und dem Kaiserpaar samt Gefolge. Im Hintergrund liegt das Schiff Novara mit Flaggengala und daneben die Yacht Phantasie. In der Mitte des Bildes erheben die Matrosen das Ruder zum Gruß und das jubelnde Volk grüßt vom kleinen Hafen und der Mole aus. Das Bild wurde 1866 nach den Anweisungen gemalt, die Maximilian dem Maler aus Mexiko zukommen ließ. Auf dem Rahmen steht: „Die XlV. mens. April MDCCCLXIV Maximilianus imperator et Karolina uxor eius Mexicum adeunt". Cesare Dell'Acqua erhielt auch den Auftrag, ein Gemälde für die Decke dieses Raums anzufertigen. Es zeigt Maximilian im Begriff, Anweisungen zum Bau der Anlage zu geben, und weist ihn als den Bauherrn von Miramare aus. Schaut man nach unten, so sieht man auf der linken Seite die Personifizierungen von Europa (mit heller Haut), von Amerika (mit einem Federschmuck und einer Ananas als Gabe), von Afrika (mit einer Palme in der Hand); im Hintergrund sieht man die Ankunft der Sphinx. Darüber befindet sich die Darstellung einer Blumen streuenden Flora und auf der Seite die eines Putten mit Füllhorn. In der Mitte sieht man die Symbole Mexikos, den Adler und die Schlange, die Maximilian das Zepter überreichen. Er steht in einem roten Gewand gekleidet in der Mitte und gibt dem geflügelten Genius Anweisungen, der seinerseits den Grundriss des Schlosses auf einen Bogen mit der Aufschrift „Miramar" zeichnet. Unten rechts erkennt man die Darstellungen von Architektur, Malerei und Bildhauerei. Die Decke trägt zwei Inschriften, von denen die zweite nach dem Tod des Kaisers angebracht wurde: „Ferdinandus Maximilianus Archidux Austriae Castellum Miramar fundavit MDCCCLVIII - Electus Mexicanorum imperator coronam oblatam accepit obiit in Queretaro MDCCCLXVII".

Saal XX, der Thronsaal

Mit einer Höhe von zehn Metern, die sich über den ersten und zweiten Stock erstreckt, und einer Länge von fünfzehn Metern, bis zum Park hinaus ist es der größte Raum des Schlosses. Die Hofmanns haben dazu mehrere Entwürfe mit einer üppigen und redundanten Ausstattung im Stil des Zweiten Kaiserreichs ausgearbeitet, der ja die ganze Etage beherrscht. Der Saal wird erst nach dem Tod des Auftraggebers fertiggestellt. Er hat den Thronsessel, für den der Raum bestimmt war, nie bestiegen. Der ganze Saal spiegelt in seiner Ausstattung das ikonographische Programm wieder, das sich Maximilian für seine Residenz ausgedacht hatte. Dem gemäß sollte dieser Raum der großen Habsburger Dynastie gewidmet sein und ihrer glorreichen Geschichte gedacht werden, an die er

Cesare Dell'Acqua, *Ankunft von Elisabeth von Österreich in Miramare*, 1865, Historischer Saal, auch der Saal von Cesare Dell'Acqua genannt (Saal XIX)

Cesare Dell'Acqua, *Maximilian empfängt die mexikanische Delegation, die ihm die Krone von Mexiko anbietet*, 1867, Historischer Saal, auch der Saal von Cesare Dell'Acqua genannt (Saal XIX)

Cesare Dell'Acqua, *Die ersten Bewohner von Grignano sehen das Schiff der Argonauten vorbeifahren*, 1867, Historischer Saal, auch der Saal von Cesare Dell'Acqua genannt (Saal XIX)

Cesare Dell'Acqua, *Abreise von Maximilian und Charlotte nach Mexiko*, 1866, Historischer Saal, auch der Saal von Cesare Dell'Acqua genannt (Saal XIX)

Nachstehende Seiten
Cesare Dell'Acqua, *Maximilian als Bauherr des Schlosses Miramare* (1867), Historischer Saal, auch der Saal von Cesare Dell'Acqua genannt (Saal XIX)

MIRAMAR
CESARE

gerade mit der Annahme der mexikanischen Kaiserkrone anschließen wollte, denn zumindest zum Teil führte er das Reich so zu seiner Ausdehnung unter Karl v. zurück.
Außerdem war es Familientradition, wenigstens einen großen Raum in der Residenz zu haben, der an die Vergangenheit der Häuser erinnern sollte: Als Beispiel soll hier der Habsburgersaal aus dem Jahre 1843 in Schloss Laxenburg zitiert werden, wo die Statuen der verschiedenen österreichischen Herrscher aufgestellt sind. Maximilians ikonographisches Programm schrieb gezielte Ausstattungsmaßnahmen vor. Im oberen Wandabschnitt des Saals befinden sich Gemälde, Werke der Kopisten Josef Kiss und Friedrich Mayrhofer (1854-1855), einiger Herrscher aus dem österreichischen Adelshaus, den Kaisern des Heiligen Römischen Reiches.
Ausgehend vom Eingang von rechts nach links sieht man: Rudolf i., Friedrich iii., Maximilian i., Karl v., Ferdinand i., Rudolf ii., Matthias Ferdinand ii., Ferdinand iii., Leopold i., Joseph i., Karl vi., Franz ii. Über dem Eingang befindet sich ein Bild von Elisabeth von Österreich, der französischen Königin, und daneben ein Porträt des spanischen Infanten Karl, dem Sohn Philipps ii. In den vier Ecken des Raumes sieht man hinter dem Eingang links Franz Stephan i. und ihm gegenüber seine Gemahlin Maria Theresia, die Tochter Karls vi.; gegenüber ihre Söhne Joseph ii. und Leopold ii., beide Kaiser. Alle Bilder sind Kopien nach Gemälden aus der jeweiligen Epoche oder nach Kupferstichen und hingen im Speisesaal der Villa Lazzarovich in Triest. Als eindeutige Glorifizierung der Habsburger hängen sich zwei Bilder gegenüber. Auf der rechten Seite hängt ein Bild des Malers Peter Johann Nepomuk Geiger, das als Allegorie auf den Herrschaftsbereich unter Karl v. zu verstehen ist. Es zeigt eine Landkarte, auf der die Besitztümer der Habsburger rot eingezeichnet sind. Mit der Annahme der mexikanischen Kaiserkrone wollte Maximilian das Reich zu seiner größten Ausdehnung zurückführen. An der Bildbasis in der Mitte sieht man einen Pfau, dessen Federspitzen die Wappen der wichtigsten Städte und Regionen des habsburgischen Herrschaftsgebietes tragen.
An der gegenüberliegenden Wand thront ein Gemälde mit dem Stammbaum des österreichischen Hauses und der Lothringer. Ganz unten liest man den Namen des Stammvaters Rudolf, links die Namen der Habsburger, rechts der Lothringer. Die durch den Ehering verbundenen Namen von Maximilian und Charlotte stehen ganz oben. Auf der rechten Seite sieht man die Krone des Heiligen Römischen Reiches, die Krone des heiligen Stephan von Ungarn, die Krone von Wenzeslaw und die Eisenkrone. Das Gemälde ist ein Werk von Eduard Heinrich aus dem Jahre 1863. Die Kassetten zu beiden Seiten zeigen Bilder aus der Flämischen Schule vom Ende des 18. Jahrhunderts und sind von einem vergoldeten, venezianischen Rahmen aus der Mitte des 19. Jahrhunderts eingefasst.
Maximilians Wunsch war, in der Mitte des Saals das Porträt des „amtierenden Kaisers mit den offiziellen Merkmalen der Krönung" aufzuhängen, und im Gedenken daran ist vor Kurzem ein großformatiges Bild neben den Thron gehängt worden, welches Maximilian im Gewand des mexikanischen Kaisers zeigt. Der Rahmen dieses Werks des mexikanischen Malers Santiago Rebull (1865) trägt Schnitzereien in Form zweier das Herrscherwappen tragender Greifen, womit die ideelle Anwesenheit des Auftraggebers symbolisiert werden soll. Dieselben Greifen finden sich auch an der Basis des einfachen Throns aus dekoriertem Holz wieder.
Bis auf die reiche Vertäfelung sehen wir den Saal heute noch so, wie ihn die Hofmanns nach den Anweisungen Maximilians gestaltet haben. Bei Umbauarbeiten unter dem Herzog d'Aosta 1930

wurde der Saal stark verändert und alle Dekorationen an Wänden und Decke entfernt. Er wurde in seiner Höhe reduziert und der neu entstandene Saal war einfacher und mit einigen Gemälden aus Maximilians Sammlung ausgeschmückt. Nur der ikonographische Apparat blieb ausgespart. 1976 begann die Oberintendantur mit den radikalen Restaurierungsarbeiten zur Wiederherstellung der Decke in ihrem ursprünglichen Aussehen. Dabei hat man die bis heute erhaltenen Photographien, Drucke und Zeichnungen zu Hilfe genommen. Die Holzpaneele der Vertäfelung konnten leider nicht wieder angebracht werden, weil zu einer korrekten philologischen Wiederherstellung keine ausreichende Dokumentation vorliegt. Dafür wurde die im ursprünglichen Entwurf für die Musiker vorgesehene Kantorei wiederhergestellt und die Wappen der Städte und Regionen des österreichischen Herrschaftsbereichs wieder angebracht.

Saal XXI, der Speisesaal, auch Möwensaal genannt

Eingedenk seiner Liebe zum Meer lässt Maximilian die Kassettendecke dieses Saals mit 36 fliegenden Möwen bemalen, die Schriftrollen mit lateinischen Sprüchen im Schnabel tragen. An der Deckenmitte stehen sich das Wappen von Belgien und das der Sachsen, sowie das der Habsburger und das der Lothringer gegenüber und dazwischen thront das erzherzögliche Wappen Maximilians über dem seines Vorfahren Maximilian I. Außerdem hängen in diesem Raum einige Bilder mit Darstellungen

Thronsaal (Saal XX)

Eduard Heinrich, *Ahnentafel der Familie Habsburg-Lothringen*, Detail, Thronsaal (Saal XX)

Nachstehende Seiten
Speisesaal, auch Möwensaal genannt (Saal XXI)

aus dem Leben des Auftraggebers. Im Herbst 1850 gestattet das erzherzögliche Paar Franz Karl und Sophie ihren beiden jüngeren Sprösslingen Maximilian und Karl Ludwig eine Reise in den östlichen Mittelmeerraum, insbesondere nach Griechenland und in die Türkei.

Mit dem Auftrag, die Höhepunkte der Reise auf Leinwand festzuhalten, nimmt auch der Maler Peter Johann Nepomuk Geiger an dieser Expedition Teil. Als Erinnerung an diese unvergesslichen Erlebnisse und Eindrücke schreibt Maximilian ein Reisetagebuch, *Meine erste Reise*. Hinten rechts hängt neben der Tür ein Bild, das Maximilian auf dem Sklavenmarkt in Smyrna zeigt: Die beiden Brüder und ihre Begleiter in Zivilkleidung stehen links im Bild, auf der rechten Seite sieht man den Händler und im Hintergrund einige stehende und auf der Erde ruhende Frauen. Maximilian beschreibt diese Episode: „Im Schutz des großen Gewölbes eines Hauses waren die türkisch gekleideten Sklavenhändler ... am Boden ruhten in Gruppen halbnackte Negerinnen ... sie lagen in verschiedenen Haltungen zu fünft oder zu sechst auf Matten“. Das sehr detaillierte Bild in exotischer Manier nimmt Punkt für Punkt das auf, was im Tagebuch beschrieben worden ist. Das wiederholt sich auch auf dem zweiten Bild von Geiger, auf dem eine Einladung zum Mittagessen bei dem Pascha von Smyrna erzählt wird: „Er hatte uns nach alter türkischer Sitte zum Mittagessen eingeladen ... wir setzten uns auf weiche, niedrige Hocker und die Gesellschaft verteilte sich auf zwei Tische. Halil Pascha, Prinz Jablonowsky, Baron Koller, der Generalkonsul, mein Bruder und ich setzten uns an eine dieser Tafeln, und warteten ungeduldig darauf, was uns serviert werden würde“. Mit großer Wahrscheinlichkeit hat dieser Aufenthalt Maximilian bei der Gestaltung einiger Räume im maurischen Stil in der Triester Villa Lazzarovich beeinflusst. Weiter links hängt ein drittes Bild von Geiger. Hier sieht man Maximilian und seinen Bruder bei einem Ausflug im Golf von Smyrna an Bord des Kaik des Paschas: „Wir fuhren zur Küste ... dort erwartete uns die lange, jedoch enge Barke des Pascha ... aus sehr schönem, geschnitzten Holz ... unter einem scharlachroten Baldachin“. Weiter hinten, auf der anderen Seite, ebenfalls neben der Ausgangstür erinnern zwei Bilder an Charlottes Aufenthalt in Mexiko. Sie zeigen die von einem Zuavenkontingent eskortierte Kaiserin auf ihren Ausflügen. Diese Bilder sind von Jean Auguste Beaucé: Das aus dem Jahre 1866 zeigt Charlotte unter einem Baum bei einer Rast. Auf dem aus dem Jahre 1867 sieht man ein Feldlager. An der rechten Wand hängen zwei Bilder von Jean Portaels mit einer Darstellung der Jüdin von Kairo und einer Frauenfigur mit arabischer Kopfbedeckung. Der belgische Maler hat sie während oder nach einer Nordafrikareise im Jahre 1842 ausgeführt. Die jüngst reproduzierten Oberlichter zeigen Blumen- und Tiermotive und auf den beiden Ovalbildern neben den Balkontüren sieht man die Porträts Kaiser Franz I., Maximilians Großvater, und dessen vierte Frau, Karoline Augusta von Bayern. Die Möblierung verrät, dass dieser Raum im Winter genutzt wurde.

„Es freut mich zu hören, dass du schon ein Veilchen auf der Wiese von Miramar gefunden hast. Das ist Mitte Januar wirklich ein Zeichen für das ausgezeichnete Klima."

Maximilian an Charlotte, 1859

Der Park

Die Entstehung

Es gibt nur sehr wenige Bilder, die das Vorgebirge von Grignano vor 1855 zeigen, also dem Jahr, in dem Maximilian die ersten Grundstücke erwirbt: Das Gebiet war mit Ausnahme weniger Sträucher und Flaumeichen unbewachsen.

Als er im darauffolgenden Jahr den Landkauf abschloss, entschied der damalige Erzherzog, dass hier ein Park mittlerer Größe angelegt werden sollte, den man auch zu Fuß durchqueren konnte. Dieser noch ungestaltete Ort sollte botanische Experimente aufnehmen und nach neuen Entwürfen geformt sein. Miramare ist als privater Wohnsitz und nicht als Repräsentationssitz einer Herrscherdynastie entstanden: Es besitzt keinen monumentalen Eingang oder eine Allee, die zum Schloss führt. Nur wer vom Meer her kommt und am kleinen Hafen anlegt – damals ein beliebter Ankunftsort – kann den weiten und prächtigen Ausblick auf die Gartenterrasse mit den Blumenbeeten genießen. Betritt man den Park, so ist es fast, als würde man sich auf einer langsam ablaufenden Entdeckungsreise ins Grüne befinden.

Das Vorgebirge erweist sich als wahrer Landschaftsgarten, der sich den ausgezeichneten Entwürfen dem felsigen Untergrund folgend anpasst: Die gerade Linie ist verbannt und es herrscht eine scheinbar ungeordnete und wilde Natur, unterstrichen durch die steile Küste.

Die Schroffheit des Geländes unterstreicht die unregelmäßige und gewundene Form, die den Park prägt, und zwar so sehr, dass man diese gekonnte Umwandlung mit einem natürlichen Gelände verwechseln könnte.

Wie auch schon beim Schloss bestimmt Maximilian selbst den Entwurf und Karl Junker führt die-

sen dann aus. Zur botanischen Gestaltung ruft der Auftraggeber den Gärtner Josef Laube, der von Maximilian auch dann genaueste Anweisungen erhält, wenn dieser nicht selbst in Triest weilt: Der ursprünglichen Idee zufolge sollten im Park typisch mediterrane Bäume wachsen, doch die Orangen und Zitronenbäume überleben den ersten strengen Winter nicht. Deshalb entschließt sich Maximilian 1859 zu einer radikalen Wende und beauftragt den böhmischen Gärtner Anton Jelinek mit der Leitung der Arbeiten. Jelinek hatte an der Weltumseglung der Novara Teil genommen. Damit erhält die Anlage mit den Waldgebieten eine entschieden landschaftsgärtnerische Prägung, während der formelle Teil auf das Parterre beschränkt bleibt, allerdings ohne Zugang zum Meer, nachdem die Beete im Hafen und um das Schlösschen entfernt wurden. Der Park wird auch durch einige schon in den Entwürfen von Junker vorgesehenen Gebäuden charakterisiert.
Gleichzeitig mit den Bauarbeiten zur Errichtung des Schlosses wird nach dem Vorbild der Residenz ein Schlösschen begonnen, in dem das Paar 1858 und 1859 zeitweilig wohnte und wo Charlotte von 1866 bis 1867 nach ihrer Rückkehr aus Mexiko und vor ihrer definitiven Abreise nach Belgien Zuflucht fand. Sein äußeres Erscheinungsbild nimmt die für die kleinen Parkchalets der Zeit typischen Architekturmerkmale auf: Zinnen, Türmchen und Dekorationselemente aus Terrakotta oder Schmiedeeisen verzieren die Fassade. Im ersten Stock kann man heute noch die vollständige Innenausstattung bewundern, die aus der Villa Lazzarovich hierher gebracht wurde, insbesondere die der Räume im maurischen, im nordischen und im flämischen Stil. Dem Vorplatz genau gegenüber befindet sich die noch originale, charakteristische Gewächshaus-Anlage aus Glas und Eisen, in der die Pflanzen gezogen wurden, die dann den Park verschönern sollten.

Park von Miramare, Steineichenallee, Laternen, Verzierungen mit dem Monogramm und den Symbolen von Maximilian

In Richtung des italienischen Gartens erhebt sich die Kapelle von San Canciano mit einem aus dem Holz der Novara geschnitzten Kreuz, das Maximilians jüngerer Bruder Ludwig Viktor 1900 im Gedenken an den tragischen Tod des mexikanischen Kaisers hier angebracht hat.
Im unteren Abschnitt des italienischen Gartens befindet sich ein kleineres Haus, in dem heute ein Kaffeehaus untergebracht ist.
Von den kleinen, über den ganzen Park verteilten Gebäuden zur Unterbringung des Dienstpersonals auf Miramare soll das sogenannte „Schweizer Häuschen“ erwähnt werden. Es liegt am Ufer des Schwanensees und entspricht ganz den damaligen Vorstellungen von einem Landhäuschen, bzw. einer Berghütte. Am heutigen Eingang befinden sich die Stallungen für die Pferde und Kutschen. Das schlichte Gebäude bestand ursprünglich aus einem Erdgeschoss und zwei aufgestockten Gebäudeflügeln. Nach der Ankunft des Herzogs d'Aosta im Jahre 1930 wurde das Gebäude um ein Stockwerk erhöht und diente als Unterbringung des in Miramare tätigen Dienstpersonals. Nach dem radikalen Umbau durch die Oberintendantur ist das Gebäude nun als Ort für Wanderausstellungen eingerichtet.
Miramare zeigt sich also in einer für den Golf von Triest neu geschaffenen Landschaft: Ein grüner Fleck in einer damals ausgesprochen kahlen und unbewachsenen Karstlandschaft. Es ist ein zugleich natürliches und künstliches Gebiet mit einer bestimmenden, ganz persönlichen Note, die eine romantische Weltanschauung verrät. Im höher gelegenen Teil der Parklandschaft wird der ganz sanft zum Meer führende Wald zum Garten und stellt somit wahrscheinlich einen der Höhepunkte für die gesamte Anlage dar. Verglichen mit den Gärten der großen Adelsdynastien im 19. Jahrhundert ist dies eine absolute Neuheit, verrät aber Maximilians Streben nach unendlichen Sphären und den

Guglielmo Sebastianutti, *Park von Miramare, Schweizer Häuschen*, 1873

Schloss Miramare, Ansicht im Winter

Wunsch, sich in einer ideellen Schönheit verlieren zu können. Und dabei handelt es sich um Werte, die einem Landschaftsgarten mit einem direkten Kontakt zur Natur eigen sind: Vielfalt, Unregelmäßigkeit und Bewegung sind die Kriterien, denen auch Miramare entspricht.

Die Dekoration

Ein wichtiger Aspekt bei der Ausgestaltung des Parks liegt in der Sorgfalt, mit der sich Maximilian dem Garten gewidmet hat.
Sein ikonographisches Programm ist eindeutig: Im italienischen Garten soll eine Reihe von Statuen aufgestellt werden, die an die klassischen Vorbilder in den königlichen Gärten erinnern sollen. Darum erwirbt er im Februar 1859 bei dem Bildhauer Giovanni Pandiani eine Bronzekopie des Standbilds Napoleons I. von Antonio Canova, die dann am Ende des Laubengangs am Schwanensee aufgestellt wird. Zur Ausschmückung der Brunnen und des Parterres hingegen bestellt er einige schon fertige Skulpturen bei der Berliner Firma Moritz Geiss, die zusammen mit Friedrich Kahle der wichtigste Zulieferer ähnlicher Werke für die deutschen Gärten in der damaligen Zeit ist.
Auf den Säulen im Parterre werden unter anderen eine Merkurstatue und die Medici-Venus aufgestellt, während beim Kaffeehaus eine Meleagros-Statue und die Venus von Capua zu sehen sind. Diese Werke bestehen aus einem damals ganz neuen Material, nämlich aus Zinkguss. Ab 1830 liefert die Firma Geiss Statuen, Kapitelle, architektonische Dekorationselemente und Vasen aus diesem leichten Material, das nicht schwer zu handhaben ist und eine modellgetreue Reproduktion gestattet. Doch vor allem ist der Zinkguss wetterbeständig, er hält Wind, Regen und der salzhaltigen Luft im Park stand. Allerdings wurde das Material kaschiert: Die meisten Plastiken besassen eine rötliche Kupferpatina, die sie noch kostbarer erscheinen liess.
Spuren davon finden sich in der Skulpturengruppe mit berittener Amazone, eine Kopie eines Werkes von Josef Kiss, die Maximilian nach ihrem Vorbild im Alten Museum in Berlin oben an einer Treppe aufstellen lässt, und zwar am Vorplatz des Schlosses. Ganz in der Nähe befindet sich auf einer Säule die Büste Leopolds von Habsburg, in Erinnerung an die Übergabe Triests an Österreich im Jahre 1382.
Zu der von Maximilian angeordneten Ausstattung gehören auch mehrere Kanonen, ein Geschenk Leopolds I. Sie stehen auf einer Terrasse mit einer wunderschönen Aussicht auf das Schloss und ihre Rohre weisen auf das Meer. Auch die Aufstellung der Sphinx, einem Fundstück aus ptolemäischer Zeit, d.h. dem III. Jahrhundert v. Chr., beruht auf einem Einfall des Auftraggebers. Sie befindet sich am oberen Kai der Hafeneinfahrt. Außer den von Maximilian hier aus rein dekorativen Gründen aufgestellten Werken, wurde im Laufe der Jahre dem Park eine weitere Gedenkstatue hinzu gefügt: ein Standbild in Erinnerung an Amedeo d'Aosta, ein Werk von Marcello Mascherini, das 1971 am Ende des sogenannten Rosenwegs aufgestellt worden ist.

Park von Miramare,
der kleine Hafen

Literaturauswahl

Massimiliano d'Asburgo, *Il mio primo viaggio*, Vorwort von Rossella Fabiani, Pordenone 1986.

Cucchi, Franco, Gianni Pirrone, u.a., *Un giardino in riva al mare. Il parco di Miramare ieri e domani: vicende storiche e prospettive culturali*, Triest, 1986.

Mia cara adorata Charlotte. Lettere 1856 - 1859 dell'Arciduca Massimiliano d'Asburgo alla moglie Carlotta del Belgio, Triest 1987.

Rossella Fabiani, *Il castello di Miramare. Itinerario nel museo storico*, Triest 1989.

Massimiliano. Rilettura di un'esistenza, herausgegeben von Laura Ruaro Loseri, Triest 1992.

Rossella Fabiani, *Sono oramai arrivate da Geiss le ultime statue. Le sculture di Massimiliano nel parco di Miramare*, in *Sculture nel parco*, Triest 1997.

Rossella Fabiani, *Un giardino paesistico sull'Adriatico: Massimiliano d'Asburgo e il parco di Miramare*, in *Giardini regali. Fascino e immagini del verde nelle grandi dinastie: dai Medici agli Asburgo*, Mailand 1998.

Rossella Fabiani, *Schloss und Park Miramare: Vergangenheit und Gegenwart zwischen Geschichte und Bewahrung* in *Historische Gärten. Schutz und Pflege als Rechtsfrage*, Wien 2000.

Rossella Fabiani, *Il parco di Miramare fra storia e tutela*, in *Giardini storici del Friuli Venezia Giulia. Conservazione e restauro*, Gorizia 2002.

Rossella Fabiani, Gabriele Crozzoli, *Miramare. Il parco ed il castello di Massimiliano*, Treviso 2004.

Cesare Dell'Acqua. I colori della storia, herausgegeben von Maria Masau Dan und Rossella Fabiani, Triest 2005.

Il Museo Storico del Castello di Miramare, herausgegeben von Rossella Fabiani, Vicenza 2005.

Uno sguardo su Venezia. Canaletto a Miramare, Ausstellungskatalog, herausgegeben von Fabrizio Magani und Rossella Fabiani, Mailand 2009.

Carlotta del Belgio a Miramare. Gli anni della felicità, herausgegeben von Rossella Fabiani, Mailand 2012.

Maximilian von Mexiko. Der Traum vom Herrschen, herausgegeben von Ilsebill Barta, Wien 2013.

L'arte di Massimiliano d'Asburgo. Dipinti, sculture e arredi nel Castello di Miramare, herausgegeben von Rossella Fabiani und Luca Caburlotto, Mailand 2013.

Druck und Verpackung
Mediagraf, Noventa Padovana (PD)
für Marsilio Editori® s.p.a. in Venedig

ausgabe							jahr				
10	9	8	7	6	5	4	2019	2020	2021	2022	2023